Karine après la vie

Karine
après la vie

Présenté par Didier van Cauwelaert

Le témoignage de Maryvonne et Yvon Dray
sur l'incroyable aventure de leur fille
dans l'au-delà

ÉDITIONS FRANCE LOISIRS

Édition du Club France Loisirs,
avec l'autorisation des Éditions Albin Michel.

Éditions France Loisirs,
123, boulevard de Grenelle, Paris
www.franceloisirs.com

ISBN : 2-7441-6274-4

I

L'AMIE DE L'AUTRE MONDE

Didier van Cauwelaert

— *Maman, les papillons que tu m'as demandés hier pour ton frigo, Didier est assis dessus.*

Je me lève, je retire le coussin du canapé bleu qui trône au milieu de l'agence immobilière, je découvre trois petits papillons en papier aimantés, je dis « merci, Karine » et me rassieds pour attendre la suite des révélations.

Ceux qui connaissent mes romans ne seront pas forcément surpris en entrant dans ce livre : à force d'inventer des histoires d'amitié entre les fantômes et les vivants, il fallait bien que ce genre de chose m'arrive un jour dans la réalité.

Nous sommes à Cuernavaca, à soixante-dix kilomètres au sud de Mexico, une ville-jardin aux arbres géants qui détient le record mondial du nombre de kidnappings au mètre carré. Néanmoins très prisée pour la sécurité qu'elle offre sur le plan sismique, par rapport à la capitale, Cuernavaca est également célèbre dans les milieux informés pour les rencontres qui s'y déroulent, chaque mercredi, entre les habitants de la terre et les esprits de l'au-delà.

Arrivé à ce point de mon récit, une précision n'est peut-être pas superflue : l'histoire démente que je vais raconter est rigoureusement vraie. Si l'on y tient, je veux bien lever la main droite et dire « Je le jure », mais mon but en écrivant ces lignes n'est pas d'être crédible. Ce qui m'importe le plus est de restituer l'émotion, la drôlerie, la folie de ce que j'ai vécu ces derniers temps au Mexique – de la même manière que je publie des romans pour partager mes personnages avec mes lecteurs. Le fait que, cette fois, les événements soient aussi réels que les protagonistes ne change absolument rien à mon regard, ma démarche, mon caractère de croyant non crédule ouvert à toutes les contradictions. Si le doute est mon point de départ, je ne le considère pas comme un aboutissement obligatoire. Fin de ma profession de foi.

En lisant ce qui va suivre, on est donc libre, si l'on préfère mourir sceptique, d'imputer mon témoignage à l'abus de pétards, de tequila ou de soleil mexicain (c'était la saison des pluies, j'étais à jeun et je ne fume pas), mais j'aimerais bien qu'on se souvienne, même si l'on sourit avec moi au fil des situations et des péripéties, que l'origine de cette odyssée délirante est un drame ; un drame ordinaire mais le plus brutal, le plus insupportable : la mort d'un enfant. Et les parents de Karine, qui m'ont entraîné dans leur aventure depuis deux ans, sont avant tout des gens « normaux », bien sur terre, bons vivants – ils l'étaient avant la perte de leur fille, et ils le sont à nouveau depuis qu'ils l'ont retrouvée. Dans le parcours initiatique qu'ils ont entrepris d'un monde à l'autre, mon rôle est celui du compagnon de route. Tantôt simple témoin, tantôt juge-arbitre, avec pour seul credo le refus de me laisser abuser par l'envie de croire, je continue à passer avec eux par tous les stades du doute illégitime et de la raison bafouée. Lorsque les Mexicains me voient sur les traces de Karine, cette jolie brune rieuse qui aura à jamais vingt et un ans, sept mois et quatorze jours, lorsqu'ils me voient guetter les messages, les indices, les clins d'œil que traquent inlassablement ses parents – une grande blonde à lunettes collectionneuse de papillons et un petit ludion fébrile éternellement relié à sa mallette de directeur Alcatel –, ils doivent me prendre pour le gendre. Mais je n'ai jamais connu Karine de son vivant. Depuis, on s'est bien rattrapés.

À l'origine de notre « rencontre » il y a, comme souvent, un faux hasard. À Cavaillon, en 1998, au festival Science-Frontières où je me rends chaque année – six jours d'échanges passionnants avec des génies compréhensibles qui seront les prix Nobel de demain, pour l'instant mis au ban de la science « officielle » parce qu'ils ont *trouvé*, ce qui depuis bien longtemps est considéré comme incompatible avec l'état de chercheur –, au festival Science-Frontières, donc, j'entends parler pour la première fois de Juan Diego, cet Indien mexicain harcelé par la Vierge Marie en 1531, afin qu'il serve d'intermédiaire entre le Ciel et le clergé espagnol pour faire cesser le massacre des Aztèques. Divers scientifiques m'expliquent les analyses hallucinantes effectuées sur la tunique en agave de l'Indien, qui aurait dû logiquement tomber en poussière depuis quatre siècles. Chaque année, vingt millions de personnes défilent devant ce vêtement, à la basilique de Guadalupe, pour y voir l'image de la Vierge en parfait état de conservation, imprimée recto verso, sans apprêt, dans des couleurs pimpantes constituées de pigments inconnus sur terre. Dès cet instant, je sais que *L'Apparition* sera mon prochain roman. Je commence à l'écrire, mais je sens que tôt ou tard il faudra que je me rende au Mexique, dans le sillage de l'héroïne fictive que j'ai envoyée enquêter sur les miracles entourant cette tunique. J'ignore tout de ce pays mais j'ai le temps ; j'aime bien inventer d'abord et vérifier ensuite.

Un an plus tard, au même festival, j'entends le père François Brune, grand spécialiste des relations publiques entre l'au-delà et les vivants, parler d'un prochain congrès international d'ingénieurs acoustiques et de physiciens consacré à la TCI (Transcommunication Instrumentale), cette discipline regroupant les différents moyens audiovisuels et informatiques censés permettre aux défunts de nous contacter. Je lui demande où se tient cet étonnant symposium. Quand il me répond que c'est au Mexique, à quelques kilomètres de Guadalupe, je prends la coïncidence comme un signe, et je me dis que je vais proposer à un journal d'aller couvrir ce colloque pour faire d'une pierre deux scoops. J'en suis encore à me demander quelle rédaction ce sujet sulfureux mais technique pourrait intéresser, lorsque *Le Figaro*

Magazine m'appelle pour écrire le texte d'ouverture d'un numéro spécial-paranormal. Je suggère mon séminaire de communication avec les fantômes. L'idée plaît mais ne convient pas : le numéro doit sortir précisément le samedi où débute la manifestation. À peine ai-je le loisir de regretter ce contretemps qu'on me retéléphone : le numéro vient d'être décalé d'une semaine, pour raison publicitaire. Et c'est ainsi que je m'envole pour le IIe Congrès international de TCI organisé par deux Français travaillant au Mexique, Yvon et Maryvonne Dray – les parents de Karine.

Dans l'avion, je lis la première ébauche du récit que vous allez découvrir en sortant de mon antichambre : un manuscrit qu'ils m'ont aimablement envoyé pour que je sache de quoi il retourne. Et je suis consterné. Je me dis : Pauvre fille, pauvre petite gamine à qui ces obsédés gâchent la mort avec leurs magnétos, leurs portables et leur écriture automatique, pauvre âme sans paix harcelée sans répit à coups de : « Karine, c'est maman, réponds ! », « Karine, c'est papa, dis-nous où tu es, si tu es bien et si tu nous aimes. » On n'en a vraiment jamais fini avec ses parents.

Dès mon arrivée, un dîner avec Yvon et Maryvonne suffit à dissiper mes a priori : c'est Karine qui réclame le contact, c'est elle qui s'est choisi dans l'au-delà une mission d'ambassadrice, c'est elle qui les poursuit de ses assiduités. Naturellement ils sont ravis d'avoir de ses nouvelles par la voix, le stylo, l'imprimante ou les déplacements d'objets ; ils remercient le Ciel de pouvoir communiquer dans la joie avec celle qu'ils ont tant pleurée, mais ils ne se comportent pas pour autant en parents pots de colle : c'est elle qui leur répète qu'elle a besoin de leur renaissance, de leurs liens renoués dans l'allégresse alors que leurs larmes l'empêchaient d'évoluer dans le monde spirituel qu'elle habite désormais. Évidemment, je bois du petit-lait. Tout cela, je l'ai écrit avant de le vivre, six ans plus tôt, dans *La Vie interdite*. Quel beau cadeau quand la réalité vous invite dans ce que vous pensiez avoir inventé !

Le premier soir, à mon hôtel, je reçois un message de Karine. Enfin bon. Nuançons. Tout en m'installant dans la chambre, je lui demande à voix haute, par courtoisie autant que par curiosité, si elle a quelque chose à me dire. Après quoi je mets mon dictaphone en position d'enregistrement, et je vais prendre un bain. Je reviens, je rembobine, j'écoute mes ablutions. Et puis soudain, entre deux bruits d'eau, j'entends le mot

« Demain ». Prononcé dans un souffle, mais parfaitement distinct. Vu le décalage horaire, la fatigue et les premières attaques des piments locaux, je me dis que c'est moi qui ai marmonné cette réponse sans m'en rendre compte : en effet on verra demain ; je me couche et je m'endors.

Mais le lendemain, après une journée d'exposés scientifiques sur l'analyse hertzienne des voix « paranormales », excluant dans la plupart des cas toute hypothèse de supercherie ou de parasitage hasardeux, je suis convié à une session d'enregistrement collectif. Quarante personnes sont réunies dans un petit local du théâtre Morelos de Tolúca, en majorité des parents, des fiancés, des veuves, des orphelins et des élus municipaux désireux de renouer le contact avec un cher disparu. Dans un magnétophone ordinaire est glissée une cassette neuve, dont l'emballage est froissé une heure durant par une dame devant le micro : cela s'appelle un *support*, une matière sonore à partir de laquelle les esprits sont censés fabriquer des voix pour répondre aux questions posées par les vivants, à tour de rôle, toutes les trente secondes. La cassette terminée, on la rembobine et on écoute.

Pour être franc, j'entends surtout les froissements d'emballage, sur lesquels l'auditoire s'extasie ou fond en larmes. Mais c'est une affaire de pratique, me dit-on : comme l'œil doit s'accommoder à la pénombre, l'oreille a besoin d'accoutumance. Je me résigne à n'avoir pas de révélation cette fois-ci, à n'entendre que de vagues sons qu'on me présente comme des syllabes, des phrases clés chargées de sens pour les personnes concernées. Et je conclus qu'après tout, si ça leur fait du bien, c'est l'essentiel.

Puis retentit la question que j'ai posée tout à l'heure : « Karine, est-ce toi qui es venue cette nuit dans ma chambre ? » – question qui m'a valu un regard légèrement réprobateur de M. et Mme Dray, pour qui leur fille ne sera jamais tout à fait majeure. Et c'est alors que toute la salle entend sur le magnétophone une voix féminine répondre très fort en français : « Oui. Fais ton papier. Tu veux comprendre. Merci. »

Honnêtement, sur l'instant, je me sens moins impressionné que flatté. C'est quand même moi qui ai obtenu, et de loin, le message le plus clair. Mais ma grosse tête se dégonfle aussitôt : Maryvonne me rappelle qu'au moment où j'ai posé ma question, tout à l'heure, un technicien du théâtre a ouvert la porte pour vérifier si la lumière du local brûlait pour rien. Nous avons tous tourné la tête vers lui et, me dit-on, notre distraction soudaine a permis à Karine de se fabriquer une voix en nous prenant davantage d'énergie que n'aurait pu lui en fournir notre concentration. Dont acte.

Mon oreille s'acclimatant – et mes réserves cartésiennes s'épuisant sans doute aussi –, je commence à discerner de mieux en mieux les chuchotements déposés sur la bande, comme on finit par isoler les différents instruments quand on écoute une symphonie. Et je découvre cette sensation que je ne cesserai dès lors d'éprouver à chaque expérience paranormale : le naturel s'installe. Sans être pour autant blasé, on s'habitue très vite. On s'habitue surtout à ne pas se sentir menacé, humilié, diminué par ce qui nous dépasse. Quel que soit l'objet de notre étonnement, la répétition abolit la notion de miracle.

Mon article devant parvenir par e-mail au *Figaro Magazine* avant 7 heures du matin, heure mexicaine, Yvon et Maryvonne Dray me proposent de venir le saisir chez eux. Je me retrouve donc à l'aube, avec dix feuillets de brouillon, devant l'ordinateur installé dans la chambre de Karine. Et c'est la première bonne surprise de la matinée : il s'agit d'un clavier espagnol, je n'ai plus aucun repère, je dois chercher chaque lettre, les accents sur les e nécessitent une procédure à six touches et Paris me harcèle toutes les vingt minutes en réclamant la copie. Pour couronner le tout, lorsque je tape deux r, l'écran m'affiche deux j, et ainsi de suite dans toute la gamme de l'alphabet : impossible de réussir un doublet. Maryvonne est en train de préparer le café au rez-de-chaussée ; je m'époumone à lui décrire les symptômes, elle me répond : « Tu n'as qu'à dire : Karine, arrête de me faire des blagues, je suis pressé. » Je réplique, désespéré : « Mais je l'ai déjà fait ! – Alors fâche-toi. Quand elle s'y met, tu sais, elle est aussi tête à claques dans l'au-delà que sur terre. »

Toute honte bue, ravalant la conscience de mon ridicule, je me mets donc à engueuler Fantômette au nom de l'urgence d'un bouclage : « Et puis c'est toi qui veux que je parle de toi, merde ! » L'ordinateur redevient « normal ». Mais je ne sais pas encore à quel point cette phrase prononcée dans l'exaspération se révélera prémonitoire.

Coincé entre le manque de temps et la longueur maximale imposée par la maquette, je décide de ne pas faire état des messages personnels que m'a déposés Karine sur bande magnétique. Pour être tout à fait sincère, cette autocensure ainsi justifiée me semblait une lâcheté nécessaire : à l'époque, il m'importait encore de ne pas passer pour un charlot complet aux yeux des rationalistes.

Mais le « hasard » veut que Gilles Bassignac, le photographe qu'on avait envoyé immortaliser mes fantômes, parti du Mexique la veille, débarque au journal avec son reportage juste au moment où le rédacteur en chef termine la lecture de mon papier. Bassignac raconte, en bon cartésien honnête, la séance d'enregistrement avec l'au-delà qui l'a légèrement secoué – ainsi que les plaisanteries de l'avant-veille tandis qu'il photographiait la chambre de Karine : enceintes débranchées se mettant à diffuser de la musique, déplacements d'objets et autres témoignages de sympathie justifiés par Mme Dray mère en ces termes : « Ce n'est pas uniquement pour vous embêter, Gilles, c'est sa façon de faire des gammes, dans son monde spirituel, pour ne pas perdre la main. »

Entendant le détail du message vocal que notre amie posthume m'a adressé en public, le rédacteur en chef s'insurge : « Mais pourquoi il ne le raconte pas dans son papier ? » Et de se mettre au clavier pour rajouter ce que l'autocensure m'avait fait passer sous silence.

Trois jours plus tard, arrivé à Paris après mon crochet par Mexico sur les traces de Juan Diego et sa Vierge de Guadalupe, je découvre dans mon texte déjà imprimé[1] ce rajout intempestif qui, au premier abord, me révulse : « *Pour preuve, en arrivant à l'hôtel la veille du congrès, je me suis amusé à provoquer Karine sur mon dictaphone...* » Non seulement ce n'est pas mon style, mais c'est le contraire de ma nature : je ne prétends jamais rien *prouver*, je laisse ça aux naïfs et aux péremptoires, j'ai d'autres moyens de *m'amuser* qu'en titillant les morts comme des fauves en cage, et c'est moi, dans l'histoire, que les phénomènes paranormaux n'ont cessé de *provoquer*. Je râle un bon coup, et puis je réfléchis, je souris et j'entérine. Peut-être fallait-il que cette manifestation de Karine fût relatée. En tout cas la leçon a porté : de ce jour je ne me suis plus jamais censuré. Mieux vaut accepter d'avance d'être attaqué pour des propos qu'on a tenus, plutôt que de se défendre contre ceux qu'indûment l'on vous prête.

1. « Le congrès des fantômes à Mexico », in *Le Figaro Magazine* du 15 avril 2000.

L'article ainsi publié fait un certain bruit, des rationalistes vont jusqu'à décréter que c'est mon inconscient qui a imprimé sur la bande ce que je voulais entendre – c'est dire où ils en sont –, et puis le temps passe, l'oubli s'installe, la vie reprend ses droits et je continue à écrire dans mon coin. L'au-delà me laisse apparemment tranquille, inchangé, disponible – c'est-à-dire absorbé par le seul « paranormal » auquel je sois accro : ces forces mystérieuses, intuitives, obsédantes de l'imaginaire, et l'alchimie qui en découle avec mes contemporains. Je n'ai pas oublié Karine mais, comme on dit, chacun sa vie...

La publication de *L'Apparition* relance évidemment les choses, renoue le lien géographique avec le Mexique et la famille Dray. J'apprends à cette occasion que Karine n'a cessé d'*évoluer* : ses missions dans l'au-delà se précisent, et la qualité de ses contacts avec les vivants s'affine de manière spectaculaire, comme on le découvrira dans le récit de ses parents.

Les Dray étant de passage à Paris, j'organise une rencontre avec Thierry Pfister, chez Albin Michel, dans l'idée de faire connaître au public français leur manuscrit sur Karine, auquel s'ajoutent sans cesse des faits nouveaux. À la dernière minute, je décide de m'inviter au rendez-vous – je ne regretterai pas le détour.

Thierry Pfister n'est pas ce qu'on appelle à proprement parler un fondu du paranormal : sa rigueur protestante et son esprit d'investigation s'accommodent d'un humour certain, mais généralement tourné vers les choses terrestres. Et voilà que débarquent dans son bureau deux agités en larmes, le visage barré d'un sourire radieux, qui lui mettent sous le nez une étoile de David emballée dans du papier kraft.

— C'est mon cadeau de fête des Mères, sanglote Maryvonne.

Je jette un regard circonspect aux caractères inscrits en noir sur la feuille : « *De Karine pour maman.* » Avec une courtoisie parfaite, Thierry Pfister garde son quant-à-soi tandis qu'Yvon entreprend de mimer, dans le genre Louis de Funès, la scène qui a eu lieu la veille au grand-duché du Luxembourg chez Jules et Maggy Harsch-Fischbach, deux pionniers de la transcommunication qui, avec la gravité solennelle et la prestance physique des couples royaux qu'on voit sur les jeux de cartes, échangent sans relâche, dans leur domicile transformé en laboratoire, des connaissances techniques et des rapports de bon voisinage avec les stations émettrices installées dans l'au-delà – en dehors toutefois des heures de bureau, où Jules exerce les fonctions de chef de cabinet adjoint au ministère de la Communication. Les Harsch-Fischbach ont une vraie démarche scientifique, mais vivent assiégés entre les morts et les vivants qui les épuisent conjointement par leurs volontés de contact ; ils sont jalousés par leurs pairs à cause de la qualité de leurs transmissions, raillés sur Internet par les jeunes loups de la TCI branchée parce qu'ils ne sont plus tout jeunes, et résignés à servir pour leur malheur de catalyseurs aux forces venues d'ailleurs. Yvon et Maryvonne sont allés leur rendre une visite de courtoisie, et Maggy sert le café lorsque la fameuse boule de papier surgit à toute vitesse en traversant le mur, cogne l'épaule d'Yvon qui ressent une brûlure cuisante, et atterrit sur la fenêtre. Émerveillement de la maman au bord de l'apoplexie en déballant son cadeau.

— Ce n'est qu'un *apport*, soupire le haut fonctionnaire du ministère de la Communication, habitué à remettre les choses à leur place. Un objet du monde physique, simplement dématérialisé et rematérialisé dans un couloir spatiotemporel.

— Ah bon, répond Maryvonne, un peu déçue, qui s'imaginait déjà que fifille avait fabriqué par la pensée ce double hommage à la religion juive et à la fête des Mères. Mais, ajoute-t-elle avec une inquiétude soudaine et un début de réprobation, elle ne l'a tout de même pas volé ?

— Mais non, la rassure Jules avec une patience résignée : c'est un bijou perdu sur terre, oublié...

— Tu vois bien, appuie Yvon. Tu peux le porter, ton cadeau : on ne va pas t'accuser de recel.

Maryvonne a donc fait de l'étoile dorée son nouveau fétiche, et Thierry Pfister la lui rend en se bornant à constater poliment que c'est un joli bijou. Une fois que le couple a quitté le bureau, nous échangeons en silence, Pfister et moi, un regard lourd de perplexité. Bien que la sincérité des Dray semble évidente, la matérialisation spontanée d'un objet volant identifiable est quand même difficile à avaler. Mon estomac s'y est fait, depuis, à défaut de ma raison.

À peine Yvon et Maryvonne ont-ils signé leur contrat d'édition que les événements se précipitent du côté de Karine, comme s'il y avait urgence à compléter leur témoignage avant sa parution en France. Au mois d'août, ils donnent une conférence sur la TCI à Cuernavaca. En sortant de la salle, ils sont abordés par un homme à la cinquantaine sportive qui se présente avec un sourire engageant : il s'appelle Manuel Cortés, il est agent immobilier et il a une proposition à leur faire. Les Dray l'envoient courtoisement balader : ils habitent Tolúca et n'ont aucune intention de déménager. Manuel les rassure ; son offre n'est pas de nature immobilière, mais spirituelle :

— Nous vous connaissons, nous avons assisté à vos deux congrès de TCI, nous savons que vous êtes des gens bien et nous serions très honorés, nos amis de l'au-delà et nous-mêmes, de vous accueillir mercredi prochain dans notre *cuarto de luz* (en français : « chambre de lumière »).

Les Dray, qui ne sont pas hostiles aux fréquentations posthumes en dehors du cercle familial, acceptent l'invitation de cet homme par ailleurs passionné de football, comme Karine, et auteur d'un projet de réforme des règles internationales destiné à réduire la violence sur le terrain tout en augmentant le nombre de buts. Ça fera toujours un sujet de conversation.

Et, le mercredi 5 septembre, ils se rendent à l'Instituto mexicano de investigaciones siquicas, d'où ils ressortent complètement chamboulés. Le récit qu'ils m'envoient de cette expérience, avec suggestion de l'inclure dans leur livre, est tellement ahurissant – leur fille s'étant matérialisée sous leurs yeux pour, disent-ils, danser et les embrasser – que je décide d'aller vérifier sur place leur état de santé et, le cas échéant, d'assister aux phénomènes qu'ils décrivent, puisque, paraît-il, ces visites d'entités spirituelles « prenant corps » dans l'obscurité ont lieu, quelles que soient les conditions atmosphériques, sociales et psychologiques ambiantes, tous les mercredis à partir de 17 heures.

Mes premières recherches m'apprennent que l'initiateur de ces rencontres du troisième type est le sénateur Rafael Alvarez y Alvarez, héros de la révolution mexicaine qui, en 1930, souffrant mille morts à cause de calculs rénaux contre lesquels la médecine s'avouait impuissante, fut « opéré » par la fameuse Agustina Sampiero de Rosales, une érudite dont on se refilait l'adresse au Sénat et qui, sans avoir pratiqué la moindre incision, se disant la simple intermédiaire de « chirurgiens de l'au-delà », lui tendit au bout d'un moment six petites pierres. Il courut les porter à son radiologue, qui les compara aux calculs figurant sur ses précédentes radios, et leur trouva une certaine ressemblance. En revanche, un nouvel examen aux rayons X montra que lesdits calculs avaient disparu de ses reins. L'un des chirurgiens fantômes, le Dr Enrique del Castillo, illustre médecin mexicain décédé quelques années plus tôt, suggéra au sénateur, via Mme Sampiero de Rosales, ce principe de réunions hebdomadaires pour resserrer les liens entre le monde invisible et le nôtre. Le parlementaire s'y attela dès 1939, de son vivant, puis il passa dans l'autre camp où il continua de se montrer actif.

Plié en deux par cette histoire de fous attestée par autant de médecins que d'hommes politiques, je sollicite un siège pour le mercredi suivant. Ma demande est transmise aux organisateurs qui, m'ayant vu au congrès de TCI l'année précédente et connaissant de nom mes livres, acceptent ma présence. Ils suggèrent également celle du père Brune dont ils apprécient les travaux. Ils rappellent que le but de ces forums du mercredi est d'améliorer nos relations avec l'au-delà, afin que les progrès réalisés aient des retombées heureuses de chaque côté ; ils ne pratiquent donc pas la recherche de publicité ni l'embrigadement sectaire, mais la cooptation de personnes pouvant apporter, par leur nature ou leur fonction, un plus à la qualité des échanges. Depuis 1939 se sont ainsi succédé, aux *cuarto de luz*, trois présidents de la République (dont le fameux Plutarco Elias Calles, qui, après avoir persécuté les catholiques et fermé toutes les églises de Mexico, a découvert Dieu en devenant un pilier assidu de ces messes avec les morts), une vingtaine de ministres, un directeur de l'Unesco, des gouverneurs, des généraux, des ambassadeurs, dont celui d'Israël au Mexique, des prêtres, des médecins, des artistes, les universitaires les moins farfelus et les scientifiques les plus sceptiques, qui, malgré leurs efforts et leurs protocoles antifraudes, n'ont jamais réussi à déceler le moindre trucage. Le procès-verbal de chaque session, depuis l'origine, est déposé chez un notaire. On peut en lire la somme provisoire dans un ouvrage du Pr Gutierre Tibón : *Ventana al mundo invisible*[1]. Ce qui se passe à Cuernavaca est donc d'autant plus dément que les conditions de sérieux y sont apparemment inattaquables.

Dès mon arrivée, toutefois, la notion de « sérieux » prend un tour assez particulier. On nous conduit à l'agence immobilière de Manuel Cortés, un palais mauresque en miniature où se pressent

1. Éditions Planeta, Mexico, 1994.

acquéreurs potentiels, promoteurs alléchants et médiums entre deux transes. Enrique, le frère de Manuel, salue le père Brune puis ferme les yeux, frotte ses doigts et fait apparaître une médaille de saint Christophe qu'il offre au prêtre. Depuis un an et demi qu'il participe aux *cuarto de luz*, on me dit qu'il s'est découvert le pouvoir de matérialiser des objets. D'accord, mais j'ai vu des illusionnistes faire la même chose. Quant aux billes et aux pièces de monnaie qui se mettent soudain à pleuvoir autour de lui – une autre de ses spécialités récentes –, j'essaie de me persuader qu'un complice agit à distance sur des compartiments secrets du faux plafond. Et lorsque Enrique tombe en transe sur le canapé, et qu'il réclame du geste un stylo pour écrire à toute allure, les yeux fermés, des phrases parfaitement claires avec la ponctuation et les espaces entre chaque mot, je me dis qu'un entraînement régulier peut expliquer ce genre de prouesse.

Non, ce qui m'impressionne le plus, c'est l'ambiance de naturel absolu dans laquelle se déroulent ces phénomènes. « Ne quittez pas, mon frère est en transe, répond Manuel à l'un des téléphones qui sonnent sans répit, il vous prend dans deux minutes. » On laisse finir sa page à Enrique, on le « détranse », on lui passe le combiné, il transmet trois renseignements concernant une servitude, un mur mitoyen et le montant d'une promesse de vente, puis se remet en état second et poursuit la rédaction du message philosophique de bienvenue que lui dicte à notre intention Nassim, l'un de ses correspondants de l'au-delà.

Pendant ce temps, je reçois sur les genoux quarante pesos, deux billes et une balle de golf. Le tout parfaitement indolore, ce qui est assez curieux vu leur vitesse d'entrée dans l'atmosphère. Les pièces de monnaie, nous dit feu Nassim via Enrique, sont destinées à nous remémorer l'histoire du Mexique (elles datent en effet de l'Indépendance jusqu'à nos jours), les billes sont le symbole de la perfection divine (leur taille étant proportionnelle au niveau spirituel de l'entité qui les « envoie ») et la balle de golf est une erreur. Le destinataire en est Manuel, qui brille autant sur les greens que sur les terrains de foot. Je fixe le plafond en attendant que tombe un ballon. En vain : ce ne sont que pièces de monnaie, petites billes et gros calots. Je ne dirai pas que la monotonie s'installe, mais enfin on s'habitue à tout. Et même si, à force de fixer les alentours du lustre, je finis par voir les cadeaux de bienvenue se matérialiser à mi-course, ça peut encore s'appeler une hallucination collective. Une fois que la bille a chu sur le sol, elle redevient un objet parfaitement normal, et il est toujours *possible* de faire l'impasse sur les conditions de son arrivée. On voit par là que je fais beaucoup d'efforts. Et je n'en suis pas vraiment récompensé.

Voilà que Maryvonne tombe en transe à son tour. C'est une nouveauté locale : elle a depuis la veille des « descentes de Karine » dans son corps, précédées par une douleur intense à la nuque et sur le côté droit – les blessures qui ont tué sa fille dans l'accident de voiture. Elle gémit en remuant la tête, les paupières closes, puis se met à parler en tant que Karine. C'est toujours sa voix de Maryvonne ; c'est touchant mais pas très spectaculaire. Elle salue Nathalie, la fille aînée d'Yvon qui est en vacances au Mexique avec Sarah, son enfant de deux ans. Elle la remercie d'être présente, malgré son aversion pour le paranormal et les religions, et lui dit que, si ça ne la dérange pas, elle protégera toujours la petite Sarah comme si c'était « son enfant à elle aussi ». Nathalie l'en remercie. « Karine » ajoute : « J'aime bien Didier et j'ai lu tous ses livres. J'aurais voulu écrire aussi, c'était ma passion. Il doit savoir qu'il peut m'appeler quand il veut. » Didier prend acte. Suivent quelques considérations sur son bien-être posthume grâce à l'amour, la foi et la joie qui l'entourent ici-bas comme là-haut, puis c'est l'indication géographique dont j'ai parlé tout à l'heure, concernant les papillons magnétiques destinés au frigo familial qui se trouvent sous mon coussin. Après quoi elle prend congé, en disant qu'elle ne peut pas rester plus longtemps dans sa mère car elle lui fait encore trop mal avec ses blessures. Moment de dialogue intéressant entre le point de vue de Karine répétant qu'elle doit partir et celui de Maryvonne insistant pour qu'elle reste encore, tandis que les médiums présents la « réveillent ». Mais bon, les psys diagnostiqueraient un dédoublement de la personnalité, phénomène courant. Et quelqu'un a pu cacher les papillons dans le canapé avant notre arrivée. J'empoche, à la demande des médiums, les pesos et les billes offerts par le plafond, et nous allons déjeuner.

L'atmosphère est légère et joyeuse autour de la longue table caressée par les tulipiers en fleur, bien que chacun ne boive que de l'eau. Consigne de l'au-delà avant le *cuarto de luz*, pour éviter la dilution d'énergie et l'assoupissement. Un médium révèle à François Brune que son aura est jaune : il a le pouvoir de soigner. La mienne est violette : je suis protégé. Celle d'Yvon est verte : il paiera l'addition. Au moment du pourboire, trente pesos tombent du ciel.

Là où l'ambiance se tend quelque peu, c'est quand nous arrivons dans la maison où doit se dérouler la « rencontre ». Nous sommes vingt-cinq, d'âges, de sexes et d'horizons variés, tous vêtus de blanc pour éloigner les vibrations négatives. Il y a sept médiums relais, des universitaires, des Indiens, des mères de famille, un guitariste. Nous enjambons à plusieurs reprises un petit brasero où brûlent de l'encens, des aromates et du charbon de bois, afin que la fumée nous « purifie », puis on nous fait boire un verre d'eau en trois étapes, à la santé du Père, du Fils et du Saint-Esprit. Ensuite nous entrons dans une pièce sans fenêtre où des fauteuils de jardin sont disposés contre les murs. Au centre, une table avec des fleurs, des instruments de musique et des jouets : ballons, poupées, camion de pompiers, marteau en plastique, tomahawk, chevaux en peluche au bout d'un manche à balai...

La porte est refermée, cadenassée, on y adosse l'énorme fauteuil sur lequel prend place Samuel

Huicochea, le médium principal, un solide paysan d'une quarantaine d'années grâce à qui les esprits sont censés se matérialiser. Nous nous prenons tous par la main, sauf le guitariste qui n'est relié aux autres que par ses poignets. Maria Luisa, la directrice de séance, présente au monde des morts les nouveaux venus (trois débutants par session au maximum, pour ne pas perturber la liaison), et nous récitons un Notre Père, achevant ainsi le protocole défini depuis soixante-trois ans par les « êtres de lumière ». Puis on éteint l'ampoule.

Noir absolu. Souffle puissant de Samuel qui s'autohypnotise. Aucune concentration particulière ne nous est demandée, si ce n'est une prière d'ordre général ou personnel émise à tour de rôle, après quoi chacun parle librement, s'interpellant dans l'obscurité, échangeant des impressions. Le guitariste plaque un premier accord et les Mexicains commencent à fredonner. Pendant plus de quatre heures les chants ne cesseront quasiment pas : cantiques mais aussi refrains folkloriques, hymnes révolutionnaires, comptines, romances et tubes rock. J'ai bien plus le sentiment de participer à une veillée scout qu'à une séance de spiritisme.

Mais voilà qu'on m'asperge d'eau. Tout autour les éclaboussés lancent des « *gracias !* » joyeux. Puis c'est comme un chat qui passe sur mes genoux, revient sur ses pas, se frotte sur mon ventre. De l'autre bout de la pièce, Maryvonne Dray claironne à mon intention qu'« ils » nous bénissent avec des *nardos*, fleurs odorantes format glaïeuls, pour enlever les dernières énergies négatives qui pourraient attirer les sous-fantômes du bas-astral. Car il semble que l'au-delà soit très à cheval sur la hiérarchie : seuls des esprits de première division sont habilités à se produire devant nous. Cela dit, les défunts « amateurs » qui nous sont liés personnellement, s'ils veulent profiter de l'occasion pour venir nous dire bonjour, sont les bienvenus. Il serait toutefois surprenant que nous puissions les voir : il faut avoir atteint un très haut niveau d'expérience dans l'au-delà pour être capable de se refabriquer une matière à partir de l'énergie d'un médium – ce qui paraît être le cas de Karine qui, en quelques années de notre temps terrestre, aurait accompli le parcours spirituel que d'autres entités ont mis des siècles à effectuer. Ce n'est pas tant qu'elle soit précoce, ni qu'elle ait sauté des classes ; elle dit elle-même que ce qui la stimule, lui « donne des ailes », c'est notre façon tonique de croire en sa survie, de penser à elle au présent, de l'associer à nos joies.

Quoi qu'il en soit, pour l'instant, en ce qui me concerne, je ne vois toujours rien. On a beau me signaler des points bleus en mouvement, les seules lumières que je distingue sont rouges et n'ont rien de paranormal : ce sont les trois voyants du petit magnétophone que j'ai déposé sur la table pour enregistrer l'ambiance. D'ailleurs ils s'éteignent. Puis ils se rallument. Comme je n'ai pas utilisé cet appareil depuis longtemps, je me dis qu'il est de la race de ceux qui s'arrêtent tout seuls quand il n'y a que du silence. Mais je vérifierai, quatre heures plus tard, qu'en fait les trois voyants sont simplement des témoins indiquant le niveau d'usure des piles. Sarita, l'une des médiums porte-parole de Karine, lance une phrase que me traduit aussitôt Yvon : « Karine te fait dire de ne pas t'inquiéter ; elle empêche les gamins de jouer avec ton magnéto. »

Car on m'a prévenu : les premiers esprits qui se faufilent par le « canal » spatio-temporel qui s'est ouvert sont des enfants, petits points lumineux qui n'ont pas encore suffisamment d'énergie pour se rendre visibles. En revanche, ils en ont assez pour saisir le marteau et le tomahawk en plastique avec lesquels ils commencent à nous taper sur la tête. Là encore, les Mexicains répondent : « *Gracias !* » Moi je préfère demander : « Moins fort, s'il vous plaît », puis : « Plus fort », à titre d'expérience. Je suis obéi avec une telle intensité que je finis rapidement par dire moi aussi « *gracias* », pour que ça s'arrête. Quelques instants plus tard, on entend des bruits de bâton. Ils ont dû se mettre à jouer avec les petits chevaux à manche de bois. Confirmation : chaque participant reçoit l'accolade d'une encolure en peluche.

Puis voilà qu'on nous tire les cheveux. La sensation d'une poigne humaine est parfaitement nette. J'envoie le pied devant moi : rien. Mais je le rappelle : à ce stade, je suis encore dans le noir complet et rien n'exclut un trucage habile. Très habile, et même virtuose lorsque la seconde guitare posée sur le sol se met à répondre au guitariste assis en face de moi, suivie de l'harmonica et des tambours mis à disposition parmi les jouets.

Yvon me signale que c'est Botitas qui vient d'arriver. Franc-tireur de dix-huit ans tué pendant la révolution mexicaine, il a développé dans l'au-delà des dons de musicien bien réels, mais reste encore très accro à la musique militaire. Ses compatriotes lui entonnent des hymnes patriotiques, enchaînent sur *Cielito lindo*, son morceau préféré, puis Yvon lance aux Français présents dans la salle : « Allez, on lui chante *La Marseillaise* ! » Nous nous exécutons, plus ou moins faux, partagés entre l'exaltation tricolore et la honte de formuler cet appel au meurtre en style pompier, cette ode à l'effusion de « sang impur » qu'on aurait quand même pu nous réformer depuis le temps. Mais Botitas nous accompagne avec des arrangements d'harmonica de plus en plus harmonieux. Me croira-t-on si j'avoue que ma première *vraie* émotion sans méfiance, depuis que je suis plongé dans le noir, est d'ordre musical ?

Ensuite c'est un solo assourdissant du petit tambour qui semble voler à travers la pièce, du sol au plafond, pour finir coincé contre le ventre du père Brune qui nous signale que « ça joue sur lui ». Un deuxième tambour prend la relève, plus maladroit. Les médiums précisent que c'est Ramiro, un gamin à qui Botitas apprend la musique depuis une cinquantaine d'années. Apparemment il y a encore du chemin à faire. Puis on me signale que des Indiens sont arrivés et dansent en cadence, avec des grelots aux pieds. J'entends les grelots, mais bon. Suit une période de silence total. Les enfants sont peut-être allés se coucher. Et je pense qu'à ce point de mon récit, les personnes sensibles atteintes de rationalite ou de bon sens unique devraient en faire autant.

Peu à peu, je distingue sur le sol, à deux ou trois mètres de moi, une flaque de lumière bleue qui bouge un peu comme de l'eau à la surface d'un verre qu'on agite. C'est très net et tout le monde voit la même chose. On m'invite à bien regarder ce qui va suivre. Et là, je me prends en flagrant délit de mirage – première analyse qui naturellement vient à l'esprit. La flaque bleue devient verte et un corps en sort, se dépliant avec une forte odeur d'ozone. Il s'agit apparemment d'un homme, plutôt grand, vêtu d'une sorte de djellaba translucide. Ses mains sont d'un vert phosphorescent qui fume. Il s'approche de chacun de nous, salue à l'orientale, puis nous touche. Les mains sont rigoureusement *solides*, le contact plus charnel que nature, ni chaud ni froid. Il me presse les joues, me tapote le crâne et me trace une croix sur le front, comme il l'a fait à six personnes avant moi. L'empreinte de ses doigts reste verte et scintillante pendant une dizaine de minutes – mais on peut toujours conclure qu'une projection holographique suivie d'un dégagement de fumée a permis à ce monsieur de sortir d'une trappe pour nous faire son numéro, avec des gants recouverts d'une substance luminescente.

Dans le doute, comme Yvon et Maryvonne me précisent qu'il s'agit du maître Amajur, grand coordinateur de ces réunions depuis l'origine (un peu l'homologue de Manuel Cortés dans l'au-delà), je dis « bonjour, maître » au corps qui m'a salué. Il répond d'un hochement de tête, me bénit à nouveau, avec une tape sur la joue comme on donne aux chevaux qui ont bien sauté l'obstacle. La première fois qu'il s'est présenté au *cuarto*, il a donné son CV, et on a retrouvé sa trace dans l'histoire : Abdul Qasim Abdallah Ibn Amajur al-Turki (885-933), astronome connu pour ses découvertes sur les mouvements de la lune et ses calculs précis concernant l'éclipse solaire du 11 novembre 923. « Tu as vu sa barbe, comme elle est belle ? » s'informe Yvon. Oui, j'aperçois une barbe à la lumière des mains, mais ce qui est assez anormal c'est que je ne distingue absolument pas le visage, alors que tout le reste est baigné de cette lumière d'aquarium au fort pouvoir éclairant. À défaut, j'effleure le voile qui tombe de sa tête. Une moustiquaire mouillée, c'est la comparaison qui s'impose. « Il économise son énergie en ne se rendant pas totalement visible », répond un médium à la question que je n'ai pas formulée.

Mais déjà la silhouette a continué son tour de salle, au rythme de la chanson composée en son honneur, *Bienvenido, maestro Amajur*, que mes voisins lui fredonnent entre deux « *buenas tardes* » et trois « *gracias* ». Les déplacements de sa lumière me permettent de constater que tout le monde est à sa place dans la chaîne humaine, et je distingue également le médium principal affalé dans son grand fauteuil, que j'ai soupçonné un moment de s'être déguisé en spectre. Reste l'hypothèse de la trappe dans le sol, qui s'évanouira à 21 h 30 quand, le plafonnier rallumé, je constaterai à quatre pattes que le dallage est désespérément privé de fissures.

Pour l'heure, les chants s'intensifient et le « maestro » se lance dans une chorégraphie très belle. Tantôt il lévite pour danser sur les mains, laissant ses empreintes de lumière au plafond, tantôt il danse le rock sur *Demos gracias al Señor*, avec l'aisance familière mais l'amplitude un peu réduite d'un Travolta rhumatisant. La réalité a repris le pas : je cesse de refuser ce que je vois et je fredonne avec les autres, me laissant aller à l'émotion esthétique et l'humour joyeux qui baignent cette exhibition, jusqu'au moment où, revenu à son point de départ sur l'air de *Sound of silence*, l'ancien astronome se recroqueville. Les chants s'arrêtent et, soudain, il se dématérialise. Il m'a semblé – qu'on me pardonne cette prudence rétroactive, mais je suis *obligé* de douter de mes sens –, il m'a semblé que le vêtement restait en l'air une fraction de seconde, avant de tomber avec le son ordinaire d'une étoffe atterrissant sur le sol.

Quelques instants plus tard, la flaque de lumière donne naissance à un autre corps habillé à l'identique (économisent-ils aussi sur le tissu qu'ils « fabriquent », en se repassant la même djellaba ?), mais un peu moins grand et plus mince, autant que je puisse en juger. On me présente le nouvel arrivant : Sadrak, « protecteur » de Manuel Cortés. Agent immobilier dans l'au-delà ? Ma question fait marrer les vivants. C'est fou comme on se sent en harmonie, détendu, *au spectacle*. À aucun moment la peur, ni la ferveur mystique, ni le soupçon d'une présence démoniaque ne viendront troubler l'ambiance de fête. « Quand on se sent si bien, confirme le père Brune, c'est que le Malin n'y est pour rien. »

Sadrak nous touche à son tour, puis glisse ses mains vertes dans un sac de supermarché parfaitement réel déposé sur la table, et sème tout autour de la pièce des pétales de roses qui, devenus lumineux et clignotants comme des étoiles, nous donnent l'illusion de dominer la voûte céleste. « C'est pour que vous ayez un avant-goût de la vue qui vous attend dans le monde spirituel », précise de sa part un médium. Quand je parlais d'agent immobilier... Mais aucune contrepartie ne nous est proposée : ni engagement moral, ni promesse de vente. On n'est pas chez Faust. Tout ce qui nous est demandé, c'est une participation active à ce moment de beauté. Comme si notre plaisir visuel était une monnaie d'échange.

Exit Sadrak, de la manière désormais habituelle, et arrivée parmi nous, dans le vêtement collectif, d'un nommé Haxel qui se caractérise par deux yeux de lumière mouvante, toujours du même vert. Il est amusant de constater qu'un prodige qui se répète peut, comme autre chose, engendrer l'insatisfaction : le côté monochrome des apparitions est tout de même un peu frustrant. Mais il serait injuste de ne pas apprécier les variantes. « Dis-lui qu'il a de beaux yeux », me conseille Yvon lorsque l'être numéro trois arrive à ma hauteur. N'étant plus à ça près, je prononce le compliment immortalisé par *Quai des Brumes.* Alors Haxel se met à rouler des yeux – disons plus concrètement que ses orbites de lumière s'agrandissent vers le haut et clignent. On dirait Charles Trenet chantant *Y a d'la joie.*

Je soulève mon stylo un instant pour me demander à quel moment le lecteur de ces lignes va décréter que je suis fou. C'est sans doute chose faite depuis un certain nombre de pages. Mais je m'en fous : j'ai des milliers de témoins, de culture, de religion, d'opinions et de condition sociale différentes, qui depuis soixante-trois ans ont tous vu la même chose et signé les procès-verbaux, sans jamais avoir mis en évidence un quelconque trucage à base d'hologrammes qui, de toute manière, en 1940, aurait relevé de la science-fiction. Les premières années, en outre, les êtres matérialisés s'exprimaient en direct, sans le truchement des médiums. À l'inverse du cinématographe, les *cuarto de luz* sont donc nés « parlants » pour évoluer vers le muet. C'est à cause du médium principal. Trois se sont succédé depuis la fondation de l'Institut, et l'actuel tenant du titre, Samuel, par qui transitent les âmes (ou qui nous projette ses propres ectoplasmes, si l'on préfère évacuer l'hypothèse de l'au-delà), n'offre pas l'option du son direct. En revanche il est très fort pour la post-synchro du lendemain ; j'y reviendrai tout à l'heure.

Pour l'instant, Haxel vient de nous quitter après avoir offert une rose aux dames, et il est remplacé par Hermana Blanca, qu'on me présente comme la « gardienne du tunnel », celle qui nous ramène les défunts à l'âge où ils nous ont quittés. Verte elle aussi, des ongles aux poignets, revêtue d'un voile blanc, les Mexicains l'identifient symboliquement à la Mort et l'accueillent en ces temps de Toussaint par une ovation de supporters de foot : « *A la bio, a la bao, a la bim-bom-bam ! Ra-Ra-Ra !* » Yvon Dray va même jusqu'à lui chanter, en l'honneur du Jour des Morts, *Happy birthday to you*, que je reprends en chœur avec toute la salle en imaginant la tête de mon éditeur.

Puisqu'on en est aux anniversaires, j'enchaîne avec un refrain de Georges Brassens, que j'aimerais bien voir apparaître pour fêter avec nous ses vingt ans « *d'éternel estivant qui fait du pédalo sur la vague en rêvant, qui passe sa mort en vacances* », mais c'est Karine que la gardienne du tunnel nous matérialise soudain. Enfin, Karine... Il s'agit d'une simple silhouette à peine éclairée par ses phalanges, avec lesquelles elle nous exécute une danse de papillon assez gracieuse. Puis elle va embrasser son père, sa mère, sa demi-sœur, le père Brune et moi-même. Le contact sur ma joue évoque le toucher d'une tulipe. Tandis que la médium nous transmet des messages personnels de Karine, auxquels nous répondons dans une cacophonie émue, la jeune femme se décorpore, son temps de présence étant de loin le plus court – manque d'expérience ou déférence envers ses hôtes. « Merci à tous d'avoir accueilli ma fille chérie ! » s'écrie Yvon, la voix pleine de larmes. « Nous reviendrons te voir bientôt ! » promet Maryvonne. C'est l'émotion des parloirs quand les visites s'achèvent et que les détenus regagnent leur cellule. Reste à savoir qui purge sa peine et qui est libre...

Depuis sa première intervention au *cuarto de luz*, Karine n'a pas manqué un mercredi, même quand ses parents ne sont pas là. Alors que, née d'un père juif et d'une mère catholique, elle s'était convertie au judaïsme avec enthousiasme à dix-sept ans, elle se sent visiblement à l'aise parmi ces êtres en majorité musulmans de leur vivant, et qui communiquent avec nous par un rituel chrétien.

« Ils me l'ont bien récupérée, les cathos », ronchonne Yvon quand il plaisante à la lumière du jour. En fait, cet œcuménisme qui nous paraît bien utopique sur terre ne pose aucun problème aux revenants de l'équipe mexicaine, qui répètent depuis plus d'un demi-siècle que toutes les religions se valent et se rejoignent, par-dessus les abus de pouvoir, les malentendus et les contresens, dès lors qu'il s'agit de communier dans l'amour ou d'essayer de vivre, au moins, en bonne intelligence. Les chrétiens n'ont pas pour autant pris le pouvoir dans l'au-delà, nous disent-ils, mais l'incarnation de Dieu en Jésus-Christ est évidemment un symbole « porteur » pour des esprits désireux de se matérialiser.

D'ailleurs le maestro Amajur revient parmi nous pour nous donner l'eucharistie, et ceux qui le souhaitent avalent l'hostie qui fume entre ses doigts vert pomme. Ensuite il refait un tour de piste pour offrir des petits cadeaux, faisant apparaître dans ses mains des croix, des turbans, des fez, des fleurs... Personnellement j'ai droit à un chapelet, qu'il veut me passer autour du cou mais qui, trop petit, reste coincé autour de mon crâne avec la croix fluo qui se balance devant mon nez.

Là-dessus l'astronome se désintègre et une

cloche sonne la fin de la récréation. Les médiums me précisent que c'est le Dr Enrique del Castillo, le spécialiste posthume en calculs rénaux, qui bat le rappel pour que les âmes retournent à leurs études. Lorsque le médecin a rapatrié tout son petit monde, il frappe trois coups, comme au théâtre, mais là ça signifie que le spectacle est terminé.

La lumière se rallume, nous clignons les paupières et détachons nos mains. Quatre heures ont passé, qui m'ont paru tout au plus une trentaine de minutes. La pièce est dans un désordre impressionnant : le sol trempé est jonché de fleurs, de jouets, d'instruments de musique ; le lourd fauteuil du médium principal s'est avancé de trois mètres et Samuel lui-même est affalé, en nage. On le recouvre de plaids et on lui apporte du jus d'orange tandis qu'il revient à lui peu à peu. Durant chaque séance, il perd de trois à six kilos.

L'agent immobilier me demande « comment j'ai trouvé ». En fait, et le père Brune réagit de la même manière, je suis partagé entre l'émerveillement et la perplexité. Ça dépasse l'entendement, d'accord, c'est spectaculaire, c'est beau, c'est émouvant et c'est joyeux – mais *à quoi ça sert* ? Si l'on admet qu'on a bien affaire à des esprits, quel est le but de ce show qu'ils nous ont donné ? Quel est l'intérêt, pour eux comme pour nous ? « Réponse demain matin », dit en souriant Manuel Cortés en désignant le médium principal qui ingurgite sa brique de jus d'orange sous les couvertures.

Le lendemain, en effet, comme tous les jeudis, Samuel passe sa journée en transe à l'agence immobilière, « habité » par le maître Amajur qui s'exprime à travers lui. Les gens défilent pour demander une consultation, des soins, un entretien philosophique, un conseil financier ou des nouvelles d'un défunt. Le grand paysan moustachu reste assis les yeux fermés des heures durant, sans boire ni manger, immobile.

Je m'assieds en face de lui pour lui poser mes questions, et c'est assez impressionnant d'entendre la douce voix cultivée qui s'échappe de ses grosses lèvres de bon vivant : « À quoi servent nos matérialisations ? À vous aider à comprendre l'existence d'un autre monde, sur un autre plan ; à vous montrer que le contact est possible dans la joie, l'harmonie et la simplicité. Votre ouverture nous permet de vous emprunter vos énergies bénéfiques, pour améliorer notre développement, nos relations communes, et pouvoir ainsi vous aider plus efficacement dans votre vie terrestre. »

Le reste de ses propos n'ayant d'intérêt que pour moi, je ne rapporterai que la conclusion : « L'au-delà a besoin de tes doutes constructifs sur sa réalité. » Ou c'est le message le plus stimulant que je puisse entendre, ou c'est la preuve que la démagogie règne aussi de l'autre côté.

Le père Brune, quant à lui, se fait remonter les bretelles. Sillonnant la terre entière depuis trente ans pour aider les gens brisés par un deuil, enquêter sur les phénomènes inexpliqués et démystifier les faux miracles, il poursuit simultanément, de livre en livre, sa grande œuvre de théologien de l'œcuménisme tout en continuant son travail de spécialiste mondial des icônes, et il éprouve ces temps-ci une légère fatigue, un certain doute sur sa capacité physique à soutenir encore un tel rythme, avec l'âge et les douleurs rhumatismales. « Tu n'as qu'à te soigner toi-même en t'imposant les mains, lui réplique l'agriculteur squatté par l'astronome du Xe siècle. Mais il n'est pas question de réduire ton activité, d'économiser ton amour, de restreindre le champ de ta foi. Tu nous es nécessaire, tu es utile aux vivants et tu as la durée pour toi. » François paraît ragaillardi par cette mise au point des forces qui l'inspirent – et l'exploitent un peu, j'ai l'impression. Il se lance alors dans une discussion contradictoire avec la voix d'Amajur au sujet de la réincarnation, qui lui semble une vision un peu simpliste. Voire dangereuse quand elle permet de justifier l'égoïsme : si les gens ont choisi de naître malheureux, pauvres et malades dans cette vie parce qu'ils étaient méchants dans celle d'avant, alors pourquoi les soulager du fardeau nécessaire à leur évolution ? Amajur prône la solidarité en tout état de cause, mais plaide pour la continuité d'une pensée, d'une passion, d'une œuvre à travers des incarnations successives. François se réfère à la réponse obtenue par le journaliste Alain Guillo quand, prisonnier des geôles afghanes pendant neuf mois, il s'était retrouvé criblé de voix de l'au-delà : « Si tu crois en la réincarnation, elle existe. Si tu n'y crois pas, elle n'existe pas. » Amajur est d'accord, et ils se quittent bons amis.

Le soir, au dîner, nous retrouvons Samuel délesté de son locataire céleste. Il mange, boit, rigole, chante, fait la fête avec nous et ce n'est pas désagréable de se retrouver entre vivants, dans une ambiance normale, même si les billes, les balles de golf et les pièces de monnaie continuent à pleuvoir autour de nous. « Pourquoi toujours des pesos, déplore Yvon Dray avec un sourire moqueur, pourquoi jamais des dollars ? »

Quelques minutes plus tard, Enrique Cortés, qui buvait tranquillement sa tequila, reçoit au-dessus de l'œil, en provenance des tuiles du patio, un billet de cinquante dollars roulé en boule. Et c'est la première fois que je le vois surpris par un des apports qui surgissent autour de lui. Karine et ses copains nous précisent qu'il ne s'agit que d'un clin d'œil : jamais le monde spirituel ne donnera la fortune matérielle ni les numéros du Loto ; inutile donc de se précipiter au Mexique pour combler autre chose qu'un découvert moral. Ou physique. Je discute avec Valentin Lopez, éminent historien, conservateur honoraire d'une grande bibliothèque de Mexico, et qui assistait déjà aux *cuarto de luz* comme médium dans les années 40. Au mois de septembre, les médecins lui ont diagnostiqué un cancer du pancréas et du foie. Le mercredi suivant, ses voisins ont senti qu'il était brusquement jeté au bas de sa chaise. Ils se sont penchés en avant, sans lui lâcher les mains, pour ne pas interrompre la chaîne. Valentin a senti qu'on lui enlevait son pantalon, et que

« des fluides circulaient dans son corps ». Quelques minutes plus tard, on le rhabillait, on le rasseyait à sa place et la comédie musicale des esprits se poursuivait comme d'habitude. Le lendemain, il se rendit à l'hôpital pour refaire ses examens. Il n'avait plus aucune tumeur, plus aucune métastase.

Je regarde ce miraculé de frais qui se promène avec moi dans le jardin en boitant, je me demande comment je réagirais à sa place. Apparemment il est content, mais pas surpris. Et la gratitude n'exclut pas chez lui le sens critique. « Pendant qu'ils y étaient, bougonne-t-il, ils auraient pu me guérir le pied *aussi*. » Je repense au père Brune, exploité sans ménagement au nom de son utilité pour le bien des vivants et la cause des morts. Si l'au-delà guérit parfois les maladies graves qui le priveraient d'une main-d'œuvre précieuse, il se fout des rhumatismes. Ça n'empêche pas l'être humain de penser, de rayonner, d'agir, d'avoir son libre arbitre. Mais qui est l'« arbitre » ? Qui décide le carton jaune plutôt que le carton rouge ? Et en vertu de quoi ? Dieu est au centre de tous ces « échanges », on s'en serait douté, mais le visiteur céleste ne nous en apprendra pas plus. Et c'est très bien comme ça. Les « révélations » me gonflent autant que les « prophéties » : nous sommes sur terre pour réfléchir, pas pour *savoir*.

Le vendredi après-midi, le *cuarto de luz* spécial Jour des Morts a lieu chez Samuel, à Puente del Ixtla, un village en tôles et parpaings dans la banlieue de Cuernavaca. La maison est sommaire : une cuisine, une chambre et une « pièce à vivre » qu'on est en train de transformer en salle obscure à grand renfort de rideaux noirs, couvertures, sacs-poubelles et sparadraps. L'assistance compte beaucoup de villageois, en majorité indiens. Et, côté au-delà, outre le casting de la dernière fois, nous accueillons en guest-stars Jabdad, un joaillier persan du XVIIe, saint François d'Assise et la Vierge de Guadalupe. Le père Brune tient à préciser que pour lui, dans les deux derniers cas, il ne s'agit pas d'« apparitions » au sens religieux du terme, où le saint se manifeste sans intermédiaire, tel qu'il était de son vivant, en causant chez la personne choisie un bouleversement mystique, mais d'une référence matérialisée ; une sorte de carte postale en 3D qui s'incarne à travers l'énergie du médium, d'où la lumière verte uniforme et les caractéristiques « physiques » déjà observées.

Petite variante, cependant : celui qui se présente sous l'identité de saint François se transforme à vue, tout en marchant, sans revenir à sa flaque de départ. Sa silhouette devient, sous nos yeux, celle qu'on prête généralement à la Vierge Marie, qui bénit le public et vient m'offrir un nouveau chapelet – taille XL, cette fois.

J'ai beau faire mon fier, jouer au vétéran de l'ectoplasmie pour cette seconde expérience, l'émotion est plus forte que l'avant-veille. En revanche, les corps de nos visiteurs sont moins lumineux – à cause d'une présence négative dans l'assistance, nous disent-ils. C'est une dame qui vient pour la première fois. Non pas qu'elle soit hostile ou incrédule – les procès-verbaux de séances regorgent de sceptiques sans effets sur les manifestations qu'ils constatent – mais elle est sous calmants et s'est endormie à plusieurs reprises, ce qui est vivement déconseillé : ça crée du mou dans la chaîne.

La session dure plus de cinq heures, cette fois-ci. Karine intervient comme mercredi, à une différence près : elle embrasse sa famille et le père Brune, deux tours de suite, mais passe devant moi sans s'arrêter. J'ai le sentiment qu'elle me fait la gueule. Est-ce à cause de la jeune fille à côté de

Karine à 20 ans.

Karine lit un passage de la Thora le jour de la Bath-Mitzva.

L'apport du 26 mai 2001 : une étoile de David.

Yvon et Maryvonne Dray en compagnie de Karine.

Maryvonne au Brésil, chez Sonia Rinaldi, au cours d'une séance de transcommunication instrumentale.

Exemples d'écriture automatique .

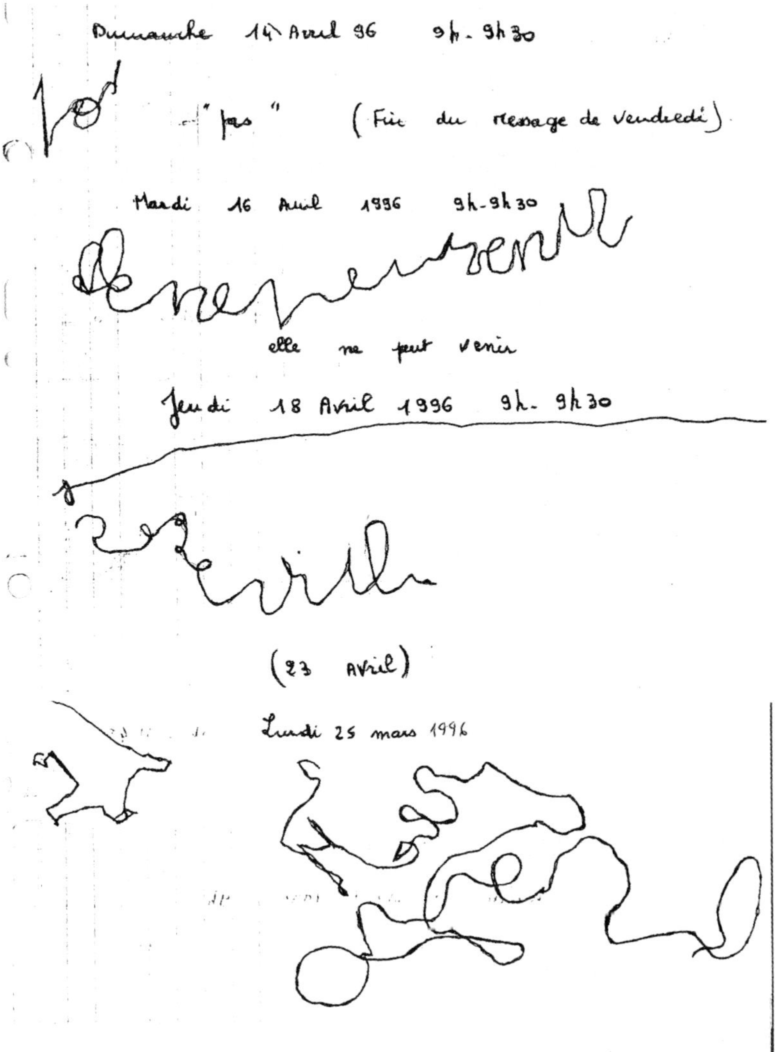
Dimanche 14 Avril 96 9h - 9h30

"pas" (Fin du message de Vendredi)

Mardi 16 Avril 1996 9h-9h30

elle ne peut venir

Jeudi 18 Avril 1996 9h- 9h30

(23 Avril)

Lundi 25 mars 1996

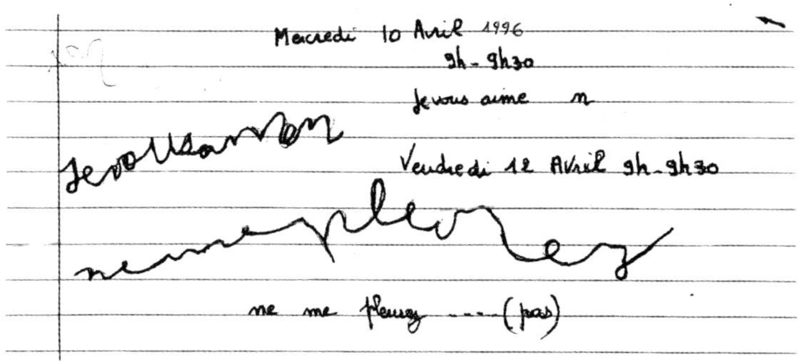
Mercredi 10 Avril 1996
9h - 9h30

Je vous aime

Vendredi 12 Avril 9h-9h30

ne me pleurez ...(pas)

Lundi 6 mai 1996 10h-12h

(maryvonne a mardi)

papayvon

eliaouemile

(Papa yvon)
(Eliaou-Emile)

Mardi 7 mai 1996 10h - 11h45

mochereefmmefortune
jetaimeetjesuisbienjesuisav
eckounenoispaspeurdela
mortcestbesuinnoussvendron
voussattendremaisilnestpas
encorelheure maryvonnevous
averraquandellepourracest
laseulequipuissecommuniqueravec
nousmercisellecarellenedoutepas

AGE

TUNE)

cetaquecelasoitelrejenaimepasdutoutlesystemedepapaquicomptelesjoursles
semainesettoutcelanaaucuneimportanceletempsnecomptepasilnefaut
pasfairecommesicelaitunanniversairejenelerecuxpastrescontentetuaseu
quelqueslignesenplusmaismaintenantcesttoutademainjenesuispasfachee
avectoucelanexistepasicimaisjenerevuxpasqueledeuxderennentunestalequi
vousfassedumalcontinuecommemaintenantoanspenseraujouretjesouhaite
quepapaarriveafairedememeetnonpaslinversecesttoujoursurlemeilleurchemin
latristessenedoitpasetredansvotrevienoubliezjamaisquejesuisdansunmonde
merveilleuxetquunjournousseronsdenouveauensembleetcettefoispourtoujours
necomptezpasjevousenprieestunetorturebieninutilepourvousetcelavousretarde
dansvotreavancementjevousaimetantneretrouvezpasdansvospenseesa
tresbientotvotrepetitefillecherekarinejesuisla

Mardi 3 septembre 1996 Lima 11h - 11h30

sremeiaavoirdvanmomentsvraiebrusesetsavoirtvoms

Mercredi 4 Septembre 1996 Lima 10h30 - 11h15

mamancherejesuislaavecvousetjevousaimeneinquietepaspourlesmessagesquetureçois
ilssontinoffensifssinonjauraisduintervenircommeladernierefoisdoncpasdepanique
queceuxsontdesamesquivousconnaissentparmoietvousadmirereellementleurs
messagessonttoujourstrescourtstuvasdevenirchampionnedelecriturealenversce
nestpassidifficilequecelaquandtuaurasdutempslibreessayeettuverrasquece
nestpassicompliquejesaisbienquepapavoudraitsavoirplusdemaviemaisjevous
aidejatoutditlesdetailsdemonemplbrstutempsneserviraitarienpuisquenousna
vonspaslesmemesvaleurspourtoimonpetitpapajeleredisquequetuattendsjesuis
vivanteetaveclocimamantoutletempsjesuisheureusedanscemondesimer
veilleuxetjessayedevousdonnerleplusdecouragepossiblepourcontinuervotrevie
surterreetunedoispasregretterquejenaipasfaitmaviesurterrejesuisentraindi
lavivreicietcestcequicompteilestdifficilepourvousderéagiraveclesmemessenti
mentsquenousmaisvousyetespoerourovsdrearrivezlabsencephysiqueestune
chosequiapeudimportancepensezquesijavaisfaitmesetudesenfranceouail
leursvousnemeverriezpasnonplusetpourtantvousauriezbeaucoupplusderai

dimanche 28 Avril 1996 10h 11h n Santiago chi

manonaestarecontigoma
siempoestorosoloaficina
conmipapaenlatarde.
losquieromucho. (Message en espagnol

Lundi 29 Avril 1996 10h - 12h Santiago chili

lemercredijeseraiavecvousjo
lamissiondevivrevouspresilz
fautavoirlafoinevouslaissez pas
aller - memesivousnemevoyezpasjesuisla
avecvous nememevoyezpasmortejesuisvivante
neloubliezjamais jecontinueaetreavecvous
lamemekarinevotrefilleaimee avezvous
bienentenducemessage lavieetlamortneseseps
rentpas onsereverraabientotdelautrecotedun
ention . lavieestbelle icvoisfatigueelafin

Trans-image de Karine (détail).

Karine à 19 ans avec sa chatte Magna.

Karine Dray - grupo Rabino Israel
Meir Kagan - delante del palacio
Lindemann 01-07-1997

Des palais somptueux et des jardins pleins de fleurs, remplis de senteurs exquises, c'est à cet endroit que sont dévoilés tous les secrets de la vie.

Bien que l'étude de la thora soit une aide pour trouver accès au paradis et à ses bienfaits, elle n'est pas indispensable. Car également ceux qui n'ont pas de connaissance d'elle peuvent avoir la vie éternelle.

Même des gens non éduqués profitent du paradis, s'ils l'ont mérité. Un cocher, dont l'âme fût admise au jardin d'Eden après le tribunal céleste, ne trouva aucun plaisir à l'atmosphère spirituelle de cet endroit, même pas dans ses régions les moins évoluées. C'est alors qu'on l'envoya dans un monde imaginaire, et on lui donna un char et deux chevaux magnifiques. L'homme se retrouvait enfin au paradis !

Il n'y a pas de purgatoire plus terrible pour les méchants que l'autorisation d'entrer au véritable Gan Eden, car ils n'y trouvent aucun des plaisirs qu'ils ont connu sur terre. Comment en fait pourraient-ils reconnaître les délices de la déité, s'ils n'y ont jamais été préparés sur terre?

mot-clé: magna

karine ist in enger geistiger zusammenarbeit mit anne guigné und angie mreches.
only the practice of a religion cannot raise you spiritually
swejen salter - 02-07-1997 13:52

Trans-image de Karine apparue en juillet 1997 sur un ordinateur débranché.

qui les médiums m'ont placé ? On a beau se concentrer sur le spirituel, on ne serre pas impunément dans ses doigts la main d'une bimbo pendant cinq heures de pénombre. Karine est-elle jalouse, ou respectueuse au contraire des ondes qui circulent à leur insu entre deux êtres vivants ?

Quand les cloches sonnent, que les trois coups retentissent et que la lumière se rallume, le père Brune est coiffé d'un turban hindou. Cadeau référence à l'idée de réincarnation à laquelle il est si réfractaire ? Il est sorti inchangé de cette expérience. Moi aussi, je crois. Plus léger, peut-être, face aux mystères qui nous entourent et à la manière de les appréhender. Fortifié dans les seules valeurs qui importent à mes yeux : l'intelligence, l'humour et l'amour. Trinité indissociable, chacun des éléments n'allant jamais très loin tout seul, tenant mal la route ou se laissant détourner. Mais sinon, la réalité des phénomènes observés, touchés, partagés n'a rien altéré de mon rapport avec la vie « ordinaire ».

Depuis mon retour en France, je n'ai pas reçu le moindre euro par voie aérienne, aucune main verte n'est venue tapoter mon crâne, Karine ne me harcèle en rien et je ne pratique toujours pas l'écriture automatique.

J'ai hésité quelque temps avant d'entreprendre ce récit où, je le répète, je n'ai rien inventé. Mais ma sincérité n'engage que moi : personne n'est obligé de me croire. « Et on a des photos de ces fantômes ? » s'est enquis avec goguenardise une personne à qui je racontais mon aventure mexicaine. On en a, oui, plus ou moins nettes ; on a même leurs empreintes digitales moulées devant témoins dans de la paraffine, mais ce genre de « preuves » n'intéresse pas le groupe de Cuernavaca : elles n'ont jamais été commercialisées. La photo qu'on m'a montrée a été prise le 17 juin 1943 ; on y voit le maître Amajur levant les bras, visage obscur et vêtement blanc. Problème : le médium principal de l'époque, Luis Martinez, fut saisi de convulsions. Incompatibilité entre le flash et les lumières spirites ? Toujours est-il que les esprits nous déconseillent actuellement, pour notre santé, de les photographier. Mais ils ajoutent que, bientôt, les progrès accomplis de part et d'autre dans la qualité des échanges modifieront le protocole : pour les voir, nous n'aurons plus besoin de l'obscurité ni de l'état de concentration qu'elle favorise. Vœu pieux ?

En septembre dernier, le *cuarto de luz* recevait

pour la première fois le Dr Ignacio Solares, directeur de la communication de l'UNAM, la prestigieuse université de Mexico. Apparemment il était important, lui, de le convaincre en lui donnant une preuve. Alors le maître Amajur, au beau milieu de ses évolutions dans le noir, s'est arrêté devant lui, et a soudain *allumé la lumière*. Pendant une dizaine de secondes, le vice-recteur a pu contempler, à la lueur du plafonnier, le visage de l'astronome arabe, assez fidèle au portrait peint par Nuñez. Il a pu également constater que chacun était à sa place dans la chaîne et que le médium en état de transe n'avait pas quitté son fauteuil. Puis la lumière s'est éteinte, Amajur s'est dématérialisé, et le Dr Solares a témoigné de cette expérience auprès des gens de son choix. Je l'ai vu assister, avec sérénité, modestie et vigilance, aux deux séances où j'étais présent. Pas plus que Manuel Cortés et ses compagnons il ne se sent un « initié », un « élu », un « gourou ». Non. Un maillon de la chaîne, tout simplement. Il y a en lui quelque chose de plus, mais il n'est pas devenu quelqu'un d'autre.

À tous ceux qui seraient tentés d'aller « vérifier » mon récit sur place, je ne saurais déconseiller le voyage, à condition toutefois d'être suffisamment « terrien » pour résister au choc, de n'avoir aucune disposition sectaire, d'accepter le brassage des religions et de supporter la musique. Mais qu'on n'oublie jamais que l'invocation des morts n'est pas un passe-temps inoffensif, à moins de se trouver dans une telle structure de « professionnels » qui savent prévenir les risques et susciter les protections. Rien n'est plus dangereux que de jouer au spiritisme chez soi, par amusement, par défi ou par besoin. En voulant faire tourner les tables et bouger les verres, en offrant le crayon qu'on tient à des mains invisibles, on sollicite en premier lieu les esprits bloqués sur terre par le matérialisme qu'ils ont développé de leur vivant ; on conforte les âmes emmurées dans leur refus de quitter ce monde « solide » qui seul existe encore pour elles.

Non, je crois que la meilleure façon de nouer le contact avec nos « disparus » est d'attendre qu'un désir, une demande, un signe de reconnaissance se manifeste de leur côté. Le récit au jour le jour des rapports d'Yvon et Maryvonne avec leur fille défunte est en cela exemplaire. « Laissez les morts enterrer les morts », disent les Écritures. Certes. Mais il faut aussi, parfois, leur laisser la liberté de réveiller les vivants.

II

L'ENVOL DU PAPILLON

Yvon et Maryvonne Dray

Pour toi, Karine, notre fille chérie,
et pour tous les invisibles qui sont avec toi.
Sans ton amour depuis l'autre dimension,
rien ne serait possible pour nous.

« Dieu a donné,
Dieu a repris,
que le nom de Dieu soit béni ! »

JOB, A-21

La mort n'existe pas

Nous sommes une famille tout ce qu'il y a de plus normale et pour cette raison nous ne pensions jamais vivre une situation si triste et difficile et qui, apparemment, n'arrive pas qu'aux autres.

Le samedi 2 décembre 1995, à 9 heures, notre fille chérie s'envole pour un autre monde à la suite d'un accident d'automobile, bête et brutal, à dix minutes à peine de notre domicile, sur la route de Mexico à Tolúca. Le véhicule dans lequel Karine est passagère s'écrase à très grande vitesse contre un arbre, sur une route parfaitement droite.

Karine a vingt et un ans, sept mois et quatorze jours. Intelligente, sensible et responsable, elle est sur le point de terminer ses études universitaires de commerce international à l'ITESM Campus Tolúca. Elle parle cinq langues. Sans aucun doute, elle a un futur prometteur. Appréciée de tous pour son grand cœur, c'est la *joie de vivre incarnée.*

Karine est notre unique enfant et, bien entendu, notre vie tourne autour d'elle.

Pour nous, tout bascule en quelques secondes. C'est le drame, la tragédie... Aucun mot ne peut décrire notre douleur et notre souffrance. Nous voulons mourir tous les deux. Et pourtant, une voix intérieure nous dit que tout ne peut finir ainsi, cela n'aurait aucun sens, et cette voix nous pousse à chercher des réponses.

Comme d'autres nous pensons que l'âme est immortelle, mais qu'est-ce que cela signifie ? Nous sommes israélites, croyants mais pas très pratiquants. Nous allons de temps à autre, le vendredi, à la synagogue, et surtout pour les fêtes importantes.

Dès le lundi 4 décembre, le lendemain de l'enterrement et malgré notre déplorable état physique et mental, nous commençons notre questionnement. Nous relisons la Bible et quelques ouvrages sur le judaïsme, car nous cherchons des réponses principalement dans la religion.

La deuxième ou troisième semaine de décembre, nous rencontrons notre notaire, qui nous ouvre les yeux sur la vie après la mort. Cette conversation de deux heures nous a beaucoup réconfortés et apporté une lueur d'espoir. Nous étions complètement ignorants sur ce sujet et, malgré les informations reçues de cet homme, nous étions loin d'imaginer ce que nous allions découvrir.

Le 19 janvier 1996, pour des raisons professionnelles, nous partons tous les deux pour la France. Dans une librairie de la rue des Rosiers, à Paris, nous achetons les psaumes de David. La vendeuse, à qui nous demandons des titres de livres sur l'immortalité de l'âme, nous en suggère deux que nous commandons immédiatement dans une librairie spécialisée : *La mort est un nouveau soleil*, d'Élisabeth Kübler-Ross [1], et *La Communication avec les morts*, de Sarah Wilson Estep [2]. Le 3 février 1996, pendant le vol de retour vers Mexico, nous dévorons les deux ouvrages. Et les centaines de témoignages qu'ils citent renforcent en nous cet immense espoir : *la mort n'existe pas.*

Élisabeth Kübler-Ross, d'origine suisse mais domiciliée aux États-Unis, est médecin, docteur

1. Éditions du Rocher, Monaco.
2. Éditions du Rocher, Monaco.

honoris causa de plusieurs universités, et sa renommée est internationale dans le domaine de la thanatologie. Pendant plus de vingt ans, elle a passé des centaines d'heures avec des malades en phase terminale et observé leurs comportements. Dans de nombreux cas, elle s'est trouvée en présence de NDE (Near Death Experience) ou, en français, EFM (Expériences aux Frontières de la Mort), qui permettent de confirmer l'existence d'une vie après la mort. Élisabeth Kübler-Ross est considérée comme l'initiatrice de la recherche moderne sur ce thème. Elle s'intéresse aussi aux enfants malades qui vont nous laisser pour une autre vie. Elle est catégorique : « Ils savent presque toujours à l'avance quand ils vont mourir, quelle que soit la circonstance de leur mort. Ou, tout au moins, leur subconscient le sait et l'exprime à travers des dessins, poèmes, lettres, dont on ne comprend tout le sens, bien souvent, qu'après leur mort. »

Pour sa part, Sarah Wilson Estep explore l'autre monde depuis plus de vingt ans. Avec son magnétophone, elle interroge les entités de l'autre dimension. Elle a ainsi enregistré plus de vingt mille messages en utilisant la technique de la Transcommunication Instrumentale (plus connue sous le sigle TCI) et a fondé aux États-Unis l'American Association Electronic Voice Phenomena (AAEVP).

La TCI est une technique électronique de communication avec l'au-delà. Il existe de nombreuses méthodes pour pratiquer la TCI, mais disons, de manière générale, qu'il convient de se munir d'un magnétophone – équipé si possible d'un variateur de vitesse –, d'un micro sensible omnidirectionnel (minimum 15 000 Hz) et d'un amplificateur (domestique). Il est également recommandé d'utiliser un support comme bruit de fond, car nos chers disparus s'en servent pour moduler leurs réponses. Il faut bien comprendre que nos « invisibles » transforment leurs pensées en voix[1].

La TCI n'est et ne doit être ni un jeu ni un acte de curiosité. Elle doit être utilisée avec une grande sérénité et beaucoup d'amour pour pouvoir garder le contact avec nos êtres chers.

Le transcommunicateur règle son magnétophone sur « Enregistrement » et pose une question. Il laisse l'enregistrement se dérouler entre trente secondes et une minute, sans autre bruit

1. Pour plus de précisions, voir notamment *Ces voix venues de l'au-delà*, Jean Riotte, Albin Michel, Paris.

que le support. Il formule ensuite une deuxième question, et ainsi de suite. Il est recommandé de poser des questions courtes et de ne pas excéder dix minutes de contact. Le travail le plus fatigant est d'écouter la bande, surtout au début. Il faut parfois une heure pour découvrir les réponses, s'il y en a.

Les voix ainsi enregistrées peuvent être caverneuses, métalliques, mais quelquefois normales, c'est-à-dire que l'on reconnaît alors la voix de l'« invisible ». Nos chers disparus font certainement des efforts incroyables pour essayer de reproduire la voix ou les intonations ressemblant le plus à ce que nous connaissons d'eux. Ils y parviennent parfois. Ils ont besoin de beaucoup d'énergie pour descendre à notre niveau vibratoire et, généralement, les réponses sont courtes. L'important est de savoir que *n'importe quelle réponse, si courte soit-elle, est un élément fondamental de l'existence d'un monde invisible.*

Revenons au vol d'Air France Paris-Mexico du 3 février 1996, au cours duquel nous découvrons que la vie a de nouveau un sens pour nous. À ce moment précis, Yvon sent le parfum de Karine, très fortement, pendant quelques secondes. Il s'agit de la première manifestation de notre enfant chérie, mais il y en aura beaucoup d'autres par la suite.

Quelques jours après notre retour au Mexique, nous achetons le matériel recommandé par Sarah Wilson Estep. Comment décrire avec quelle force et quel amour nous effectuons nos contacts chaque jour, Maryvonne principalement ? Nous sommes mus par une foi inébranlable. Nous pourrons parler à Karine. Cette persévérance et cette foi sont récompensées par Dieu, car, sans Son autorisation, le contact avec l'au-delà ne serait pas possible.

Le 25 mars 1996, un mois et demi après la première tentative, nous écoutons la cassette, et discernons des murmures : « *Karine, Maman* (deux fois), *Magna* » (le nom de sa chatte). C'est une explosion de joie et de pleurs. On ne peut trouver les mots pour décrire une telle émotion. Nous remercions Dieu pour le privilège qu'Il nous accorde, nous prions pour Karine et tous nos invisibles. Le cordon qui nous unissait est soudain renoué. Karine est avec nous.

Nul besoin de grands discours : nous avons, nous aussi, la preuve de la survie de Karine, bien évidemment sous une autre forme, celle d'un autre état de conscience, dans une autre dimension, mais *elle vit.* Désormais, même si Karine n'est plus physiquement avec nous comme nous le souhaiterions, imaginez la différence entre penser que tout s'est terminé quelques mètres sous terre et la savoir *vivante.*

Quelques jours plus tôt, nous avions reçu l'ouvrage de Monique Simonet, pionnière de la TCI en France, *Réalité de l'au-delà et transcommunication*[1], ainsi que *Les morts nous parlent*[2], du père François Brune, considéré comme l'un des meilleurs enquêteurs sur les questions concernant la survie. Son livre constitue la référence pour toute introduction au thème de la vie éternelle.

Par le livre de Monique Simonet, nous apprenons l'existence en France d'une association qui aide les personnes en deuil : Infinitude. Le 21 mars 1996, soit quatre jours avant d'obtenir nos premiers contacts avec Karine, nous écrivons à Infinitude en leur demandant de tenter de la joindre.

Ce n'est qu'en juillet 1996 – il y a malheureusement une longue liste d'attente – que nous recevons une cassette de l'association avec plusieurs

1. Éditions du Rocher, Monaco.
2. Éditions du Félin, Paris.

messages de Karine. Le plus significatif répond aux questions que l'on peut se poser :

« *Karine, car nous vivons, on est libres, on est très bien.* »

On ne peut être plus clair ! C'est la confirmation d'une vie remplie d'espérance. Au lieu de penser que tout se termine avec la mort physique, nous prenons en compte maintenant l'existence de la vraie vie qui nous attend tous. Nous savons que nous sommes ici pour apprendre, pour évoluer spirituellement et nous préparer à retrouver nos êtres chers, dans cette autre vie qui est la vraie vie. Nous reviendrons sur l'évolution spirituelle de Karine. Nous savons qu'elle progresse rapidement et que ce que nous faisons ici-bas l'aide dans son monde, et qu'elle-même nous aide et se trouve souvent près de nous.

Cette découverte, nous voulons la partager, expliquer notre expérience et surtout donner à chacun un peu d'espoir en constatant, comme le père Brune : « La mort n'est pas la mort, elle n'est qu'un passage à une nouvelle forme de vie, comme une nouvelle naissance. (...) Comme il y eut un temps où, déjà, certains savaient que la Terre tournait autour du Soleil, alors que d'autres l'ignoraient, il y a ceux qui savent que la survie est un fait, et ceux qui pensent que ce n'est qu'une hypothèse dont on peut toujours discuter. Maintenant vous, vous savez[1] ! » Élisabeth Kübler-Ross utilise une analogie simple pour expliquer que notre vie ne se termine pas avec ce que l'on appelle "la mort" : « Dans le langage que j'utilise pour de très jeunes enfants mourants, je dis que la mort physique de l'homme est identique à l'observation que nous pouvons faire lorsque le papillon quitte son cocon. Le cocon et sa larve sont le corps humain passager. Ils ne sont toutefois pas identiques à vous, n'étant qu'une maison provisoire, si vous pouvez l'imaginer ainsi. Mourir est tout simplement déménager dans une plus belle maison, symboliquement s'entend[2]. »

1. François Brune, *op. cit.*, pp. 56-57.
2. Élisabeth Kübler-Ross, *op. cit.*, pp. 21-22.

Une vie sans mystère

Avant d'entrer dans le vif du sujet, il nous paraît nécessaire de brosser un profil de notre environnement familial. Nos parents, à l'un et à l'autre, constituaient des familles « normales », c'est-à-dire, hélas, comme la plupart des familles, sans recherche particulière d'équilibre entre le matériel et le spirituel.

En 1967, Yvon participe à la mise en chantier d'une unité de fabrication de la Compagnie générale de constructions téléphoniques, à Longuenesse, et recrute une certaine Maryvonne comme monitrice de formation pour la fabrication du matériel téléphonique.

Notre relation débute en 1969, et nous conduit très vite vers d'autres horizons que la France. Yvon a eu trois filles d'un premier mariage : Patricia, Nathalie et Sandrine, qui vivent aujourd'hui dans la banlieue sud de Paris.

Le 15 octobre 1969, les opportunités professionnelles aidant, nous nous retrouvons au Mexique, où Yvon était parti en éclaireur. Et là, nous tombons sous le charme de Tolúca « la Bella », comme on dit là-bas... Une petite ville de soixante-dix mille habitants à l'époque, un million aujourd'hui si l'on compte le prolongement de Metepec, célèbre pour son marché indien du vendredi, son accueil en 1970 et 1986 de la Coupe du monde de football, et surtout pour la proximité du volcan Ximantécatl, plus connu sous le nom de Nevado de Tolúca. Bref, nous apprenons l'espagnol, nous nous faisons des amis – les Mexicains sont très conviviaux – et comprenons très vite que nous aimerions passer là notre vie.

Chaque année, nous séjournons à Acapulco – l'éternel rêve des étrangers – où les trois filles d'Yvon, et plus tard Karine, apprendront à nager... Cette période des années 70 reste dans notre mémoire une époque de rêve. Une ombre, pourtant : nous ne parvenons pas à avoir d'enfant. Le temps passe et... rien.

C'est le Dr Jacinto Celorio qui trouvera un traitement miracle aux États-Unis. Maryvonne, enfin, est enceinte. Et le contrôle médical étalé sur ces dernières années nous offre même la possibilité de noter dans notre agenda : « Naissance prévue pour le 19 avril 1974, avant 17 heures... », compte tenu du décalage horaire entre la France et le Mexique !

Ainsi, ce 19 avril 1974, à 16 h 30 – comment être plus ponctuelle ! –, naît à la vie terrestre Karine Laetitia Dray Gamot, bébé pesant trois kilos et mesurant cinquante centimètres. Notre unique enfant.

En juillet 1976, la dévaluation historique du peso mexicain contribue fortement, pour Yvon, à l'annulation d'un projet professionnel qui nous aurait ramenés vers la France. Malgré tout notre amour du Mexique, nous commençons en effet à ressentir le mal du pays après une absence maintenant vieille de sept ans, entrecoupée des seuls congés annuels.

Cependant, après quelques péripéties, la situation se rétablit à notre avantage. Et le 31 décembre 1976, en levant notre coupe de champagne pour saluer la nouvelle année, nous fêtons du même coup le retour au pays. Karine a maintenant un peu plus de deux ans et demi. C'est une enfant vive, attachante, qui en vérité ne laisse personne indifférent. Elle s'adapte à la vie parisienne, puis à Vitry-sur-Seine, avec la même facilité. Sa scolarité est brillante, sans effort apparent, ce qui nous intrigue toujours un peu. Elle participe à la vie communautaire israélite de la ville, et durant sept ans étudiera l'hébreu.

Mais, à mesure que le temps passe, et malgré ce que la France apporte de réussite professionnelle à Yvon, nous vient un certain regret : le Mexique nous manque. Il nous faudra attendre quatorze années avant que le sort nous y conduise à nouveau.

En 1983, nous partons tous les trois pour le Koweït où Yvon participe à un projet de construction du réseau téléphonique. Quelle aventure ! En premier lieu, les juifs ne sont pas admis dans ce pays et nous devons préparer de faux certificats de baptême. Le risque qu'on nous arrête pour espionnage à la solde d'Israël est réel. Karine va au Lycée français et commence à étudier l'arabe. Pour l'entreprise, le chantier se révèle un véritable désastre et, pour des motifs complexes, coûtera des millions de dollars à la France. Afin de faire bonne mesure, des terroristes posent des bombes en divers points stratégiques du pays et notamment dans les ambassades américaine et française. Le séjour ne nous semble pas vraiment idyllique. Il nous faudra attendre trois années avant qu'une opportunité professionnelle se présente à Reims, à savoir une filiale commerciale d'Alcatel, qui a racheté en 1987 le secteur « télécommunications » d'ITT. Pour Karine, Reims est une véritable découverte. On peut dire que c'est la ville qu'elle a le plus aimée et à laquelle elle s'est parfaitement identifiée.

En septembre 1989, le directeur général de la filiale mexicaine d'Alcatel prend contact avec Yvon. Il s'agit de participer à un transfert de technologie pour la fabrication d'appareils téléphoniques entre la France et le Mexique. Notre retour au Mexique s'effectue quelques mois plus tard. Outre ses fonctions de directeur des formations du personnel, Yvon dispense aussi des stages de techniques de vente dans tous les pays d'Amérique latine, ce qui, aujourd'hui, nous laisse la possibilité, entre deux stages, de présenter la TCI dans ces pays et d'apporter un peu d'espoir à de nombreuses personnes.

Maryvonne n'est pas juive de naissance mais cette religion l'intéresse depuis son adolescence. Elle avait commencé des cours de conversion dès

1975, au Mexique, et les poursuit en France à Vitry-sur-Seine, puis à la synagogue de la rue Copernic à Paris, interrompus par la mission au Koweït. Mais il lui faut chaque fois repartir de zéro ! Sans la moindre compréhension, il faut le dire, de la part des autorités religieuses concernées. Finalement, après bien des démarches, Karine et Maryvonne se convertiront au judaïsme le 18 décembre 1989, à Paris, dans le cadre du Mouvement juif libéral de France.

Le 7 janvier 1990, Karine effectue sa Bath-Mitzva (communion), et ce même jour, enfin, nous nous marions religieusement devant la famille et quelques amis.

Nous sommes infiniment reconnaissants au rabbin Daniel Farhi qui a fait preuve de grandes qualités humaines dans ce qui était devenu pour nous un véritable traumatisme. C'est avec beaucoup de joie et de plaisir que nous lui rendons visite à chacun de nos passages à Paris et le tenons informé de nos découvertes concernant la TCI.

Nous lui avons également parlé de ce que nous considérions, à l'époque, comme des « coïncidences ».

En janvier 1996, il nous confie : « Karine a très certainement une mission à remplir pour le bien de l'humanité. » Aujourd'hui, cette phrase prend son véritable sens.

En 1990, les démarches pour le retour au Mexique s'effectuent. À la fin de l'année scolaire, Karine, qui vient d'avoir seize ans, tombe amoureuse d'un adolescent de son âge. Son premier amour ! Courant mai 1990, nous quittons la France. Pour Karine, c'est un « drame ». Elle doit abandonner son amoureux. Pendant les douze heures du vol Paris-Mexico, elle pleure et refuse de s'asseoir à côté de nous.

Nous vivons neuf mois à Mexico où Karine continue ses études au Lycée franco-mexicain. Nous déménageons ensuite pour Tolúca où nous achetons une petite maison. Durant deux ans, Karine vit dans la famille de Claude Lebrun, président du Lycée franco-mexicain, dont la fille Anne est sa meilleure amie. Elles sont dans la même classe. Karine nous rejoint à Tolúca le vendredi soir et repart pour Mexico le lundi matin.

Malgré tous ces changements, Karine passe son bac avec succès. Elle aimerait étudier la littérature française, mais au Mexique c'est plutôt compliqué et elle est encore un peu jeune pour aller vivre seule en France. Parfaitement intégrée à la vie mexicaine, elle décide de continuer ses études supérieures dans une université privée d'excellente renommée, ITESM Campus Tolúca. On peut dire qu'elle réalise là un exploit, car elle entre à l'université sans avoir, pour ainsi dire, étudié l'espagnol. Elle a bien pris quelques cours de conversation mais c'est surtout durant les récréations qu'elle a appris cette langue. Ses études se déroulent de manière plus que satisfaisante. Elle a choisi d'étudier le commerce international. Les amis ne lui manquent pas, tant à l'université qu'au-dehors, elle échafaude une foule de projets et ses études sont programmées pour plusieurs années. Lorsqu'elle aura terminé sa licence à Tolúca, elle projette de s'inscrire à HEC à Paris, et elle a déjà réuni ses dossiers pour cela. Après quoi, elle espère étudier la littérature française.

À l'époque, Maryvonne gère une boutique de distribution de produits de beauté naturels à base de « zabila ». Karine apprend rapidement le fonctionnement du système et l'aide souvent de manière efficace. Le commerce fonctionne bien. Ce qui nous permet d'assister aux conventions annuelles de l'entreprise dans de bonnes conditions : San Antonio (Texas), Acapulco, et surtout Disney World (Floride). Depuis des années, Karine rêvait d'y aller et, en septembre 1994, ce rêve devient réalité. Nous ne l'avions jamais vue aussi heureuse, s'extasiant, jouant comme une enfant, du matin au soir, pendant une semaine. Elle avait vingt ans.

En 1995, nous vendons le commerce pour acheter la maison dans laquelle nous vivons actuellement. Nous partons tous deux en voyage vers l'Amérique centrale, l'Amérique du Sud et l'Europe, tandis que Karine reste seule et s'occupe de la maison avec beaucoup de maturité.

La vie est merveilleuse, nous avons une fille admirable et intelligente, qui est notre orgueil, et qui s'épanouit en parfaite harmonie avec nous.

L'accident

Vendredi 1er décembre 1995. Karine termine son semestre avec de bons résultats. Il lui manque encore un an pour obtenir sa licence en commerce international. Dans quelques jours, le 8, elle partira en France pour deux mois. Elle a déjà son billet d'avion, et attend impatiemment d'aller passer une semaine à Chamonix pour pratiquer son sport favori, le ski. En attendant, et comme souvent en fin de semaine, elle sort en boîte avec ses amis.

Ce week-end-là, ils décident d'aller fêter la fin du semestre à Mexico, ce qui est relativement rare. Karine adore danser, des heures entières selon ses amis. Elle est infatigable, aime profiter pleinement de la vie. Aujourd'hui, nous avons le sentiment qu'elle se dépêchait de vivre. J'autorise cette sortie spéciale. Avant de partir, Karine nous aide à mettre la table car, le samedi, nous recevons deux couples d'amis pour un couscous. Après la discothèque, Karine doit dormir chez des amis, à Mexico, et être de retour le samedi entre 9 heures et 9 h 30 au plus tard, pour se changer et nous aider à recevoir nos invités.

Samedi 2 décembre. Il est 9 h 30 et Karine n'arrive pas. Elle nous a habitués à sa ponctualité. Nous savons qu'elle téléphone pour prévenir en cas de retard. Quelque chose ne tourne pas rond. Ce silence n'est pas normal. Nous commençons à nous inquiéter. Nous patientons encore un peu. Une heure.

À partir de 10 h 30, Maryvonne appelle les amis de Karine, mais les réponses sont confuses, contradictoires. En fait, personne ne sait ou ne veut rien dire. De plus en plus nerveux, et pour faire passer le temps, Yvon sort pour acheter le pain et le journal.

Vers 12 h 30, le téléphone sonne. Maryvonne se précipite. Un jeune homme, sans donner son identité, lui demande de prendre contact avec les bureaux du commissariat de Lerma, à dix kilomètres de notre domicile. Impossible d'obtenir plus d'informations. Elle appelle le commissariat, la ligne est occupée, elle recommence, une angoisse terrible s'installe. Maryvonne appelle

Yvon sur son portable et lui demande de revenir immédiatement. Pris de panique, il rentre en courant. Entre-temps, Maryvonne a réussi à joindre le commissariat, mais le fonctionnaire refuse de lui donner des explications, il demande à parler au chef de famille, ou à un enfant majeur. Maryvonne s'indigne ; à force d'insistance, elle l'entend avouer : « Votre fille a été tuée ce matin dans un accident de voiture vers 9 heures. »

Elle ne peut que hurler. Elle jette le téléphone loin d'elle. Elle voit Yvon rentrer... Dès qu'il apprend la nouvelle, fou de douleur, il se met à frapper les murs de ses poings, et nous ne sommes plus qu'un seul cri, une seule souffrance. Cet instant d'horreur restera à jamais gravé dans nos mémoires. La personne qui nous aidait à la maison essaye de nous calmer. Mais, pleins de révolte, nous rejetons l'idée même du drame. Dieu ne peut pas permettre tant de cruauté ! Pourquoi nous enlève-t-on notre chérie, notre fille de vingt et un ans ? Puis viennent les éclairs de conscience, la colère contre le monde entier. Presque quatre heures se sont écoulées depuis l'accident ! Pourquoi ne nous a-t-on pas prévenus avant, Karine a toujours ses papiers sur elle !

Et la douleur vive qui nous déchire, alors que

nous sommes obligés de remplir des formulaires, d'effectuer les démarches légales... Nos amis arrivent bientôt. Par dizaines. Le « téléphone arabe » a fonctionné. Nous nous appuyons sur leur affection, la chaleur du partage nous évite de sombrer.

Nous obtenons les premières informations : « Un peu avant 9 heures du matin, une VW Jetta de couleur noire a percuté un arbre à très grande vitesse. » Une phrase, les faits nus, sans âme.

Karine, sur le siège du passager, a été tuée sur le coup. Le conducteur, un copain de l'université que nous ne connaissons pas, est blessé. Nous voulons aller voir sur place. Ou ne nous laisse apercevoir l'auto que de loin, complètement éclatée.

Il est 14 heures lorsque nous pouvons enfin nous rendre à la morgue. Là, nous devons forcer la porte car on refuse de nous laisser entrer tous deux en même temps. Nous y parvenons. Nous voyons notre enfant pour la dernière fois. Un moment d'intense douleur que ni l'un ni l'autre ne pourrons oublier. Nous apprendrons par la suite que le décès est dû à quatre blessures provoquées par la ceinture de sécurité et la force de l'impact. Karine a une toute petite blessure sous l'œil provoquée par ses lunettes de soleil. Elle a même un petit sourire qui, sur le moment, nous remplit de désarroi.

Nous revenons vers la maison où de nombreux amis nous attendent. Nous nous décidons à téléphoner à la famille, en France. Mais nous ne comprenons pas vraiment, semble-t-il, ce qui nous arrive.

Vers 16 heures, nous rejoignons la chapelle ardente où le corps de notre fille a été transporté. Nous passons le reste de l'après-midi et de la nuit à la veiller.

Nous parvenons à joindre, en fin d'après-midi, les autorités religieuses de notre communauté afin qu'on nous envoie deux personnes pour les prières et la préparation des funérailles. Cela n'est pas simple car c'est « shabbat ». Ces personnes nous aident beaucoup et, jusqu'à ce jour, continuent à nous soutenir et à nous orienter. Sans Abraham et Élie, qui aurait pu, à Tolúca, prier pour Karine en hébreu et selon nos traditions ?

À 21 heures, des amis essayent de faire fabriquer, sans succès, une étoile de David à poser sur le cercueil. Dans notre désespoir, nous réservons un espace au cimetière municipal car Maryvonne veut avoir sa fille auprès d'elle, mais la décision la plus logique serait que Karine soit inhumée dans un cimetière israélite près de Mexico. Ce qui sera le cas. Le dimanche 3 décembre 1995, les funérailles peuvent avoir lieu, et plusieurs centaines de personnes nous démontrent leur affection en accompagnant Karine à sa dernière demeure. Le rabbin nous réconforte, avec beaucoup d'amour. Il ne permet qu'à la moitié de l'assistance de venir présenter ses condoléances : il y a trop de monde et cela durerait trop longtemps.

Tout est fini. Il est 16 h 30, l'heure exacte de sa naissance. Nous rentrons à Tolúca vers 18 h 30 et nous nous asseyons sur la moquette. Les deux chattes, Magna et Nova, ainsi que le chien Tuly nous regardent avec tristesse. Nous sommes certains qu'ils ont conscience de ce qui se passe. Bien que nous n'ayons pas dormi depuis plus de trente-six heures, nous parlons de Karine jusqu'à minuit. Nous sommes une famille détruite.

Indépendamment de son absence physique, qui nous paraît insupportable, ce qui nous semble le plus injuste c'est de savoir que Karine ne pourra réaliser aucun de ses projets personnels, qu'elle ne vivra pas la vie qu'elle s'était fixée. Et tout cela à cause d'un conducteur qui perd le contrôle... Malgré notre souffrance, nous devrons lutter pendant presque une année pour faire surgir la vérité.

Qui est responsable de l'accident ? Aucune personne concernée directement ou indirectement ne nous informe des circonstances. On nous traite avec une totale indifférence, on nous humilie même par des observations indécentes. Nous devrons marcher plusieurs kilomètres pour trouver l'endroit exact où la voiture a percuté un arbre. Les différents rapports ne coïncident pas et la version officielle encore moins. Nous devons mener notre propre enquête. Nous y parvenons grâce à un couple qui a assisté à l'accident, mais qui par peur hésite à témoigner. Il nous faut surveiller tout le monde dans ce procès où la passagère n'est pas toujours considérée comme une victime. Nous devrons lutter comme nous l'avons fait tout au long de notre vie. Comment accepter, par exemple, ce commentaire du juge : « C'est Dieu qui détermine la justice, pas moi. » Il est évident que si nous parlons de justice divine, Dieu fixc les règles, mais, sur terre, la justice est faite par les hommes. Un juge est nommé pour cela, c'est lui qui rend la sentence. Cette réponse ne peut satisfaire les parents d'une enfant de vingt et un ans tuée dans la fleur de l'âge par l'imprudence d'un chauffeur.

Comme le dit si bien Élisabeth Kübler-Ross,

« Dieu n'est pas Quelqu'un qui condamne et punit ». Et, faisant référence aux Expériences aux Frontières de la Mort (EFM), elle ajoute : « Ce que nous avons appris de nos amis qui sont partis, ce que nous avons appris de gens qui sont revenus, est l'assurance que chaque être, après son passage, tout en ayant éprouvé un sentiment de paix, d'équilibre et de plénitude et ayant rencontré une personne aimée pour l'aider lors de ce passage, doit regarder quelque chose qui ressemble à un écran de télévision où se reflètent tous nos actes, paroles et pensées terrestres[1]. »

La justice divine n'est donc pas en cause puisque personne ne peut y échapper, c'est la justice terrestre qui nous préoccupe. Et là, il s'agit bien du libre arbitre que Dieu a laissé aux hommes.

1. Élisabeth Kübler-Ross, *op. cit.*, p. 75.

Les manifestations

Nous avons commencé par noter une série de « coïncidences ». Nous savons, maintenant, que le hasard n'existe pas et que ces « coïncidences » peuvent avoir un autre sens. À de nombreuses occasions, par exemple, nous retrouvons le chiffre « 7 » (chiffre divin), multiple ou résultant d'une addition, pour marquer des moments importants.

- L'âge de Karine au moment de l'accident : 21 ans 7 mois et 14 jours.
- Sa Bath-Mitzva (communion) : 7 janvier 1990.
- Le numéro de l'emplacement au cimetière : 21 allée 43.
- Yvon est né le 14 mai 1937.
- Maryvonne est née le 25 avril.
- Premier contact TCI : 25 mars.

• Dans les hôtels où nous descendons, la plupart du temps le numéro de chambre se termine par 7.

Autres « coïncidences » :

• Nous nous souvenons qu'à l'âge de sept ans, et pendant plusieurs mois, Karine s'est réveillée chaque soir vers 21 h 30 en s'exprimant dans une langue inconnue. Le lendemain, elle ne se souvenait de rien.

• Peu avant l'accident elle a relu toutes ses bandes dessinées, dressé une liste de ses plats préférés qu'elle voulait manger avant la fin de l'année.

• Le 8 novembre 1995, elle écrit à un copain du Lycée franco-mexicain qui étudie à Paris : « Pense à moi de temps en temps », alors qu'elle devait le voir en principe un mois plus tard.

• Quelques jours avant l'accident, elle parle à Balou, le chien d'un copain, et lui dit : « Tu ne m'oublieras jamais. »

• Maryvonne a eu un pressentiment quelques jours avant le drame, elle aurait dit devant plusieurs personnes : « S'il arrive quelque chose à Karine, je ferme la porte de sa chambre, pour toujours. » Elle ne s'en souvient pas.

• Une semaine avant l'accident, Maryvonne

est allée acheter un arbre de vie à Metepec et elle a commandé un papillon.

• Le vendredi 1er décembre 1995, les dossiers dans le bureau d'Yvon sont rangés comme pour une longue absence.

Rien dans la vie n'est dû au hasard.

Le rêve est le moyen le plus facile dont disposent nos chers invisibles pour communiquer avec nous. Bien que Karine utilise d'autres voies pour se manifester, elle apparaît aussi de temps à autre dans nos songes. À Maryvonne, Karine dit que ce qui est arrivé la rapprochera d'Yvon et qu'elle sera plus heureuse. Son visage apparaît, et à la question « Comment vas-tu ? », elle répond : « Je suis vivante, je suis bien, je suis heureuse. »

Dans les rêves d'Yvon, Karine est à ses côtés dans une voiture et le guide dans un endroit merveilleux et illuminé comme dans un conte de fées. Son père ne peut pas freiner. Il passe par un tunnel à grande vitesse et, au bout, une lumière intense se reflète sur sa gourmette et le réveille.

Ce dernier rêve s'est produit le 25 janvier 1996, à Paris. Yvon est convaincu que Karine l'a emmené dans son monde et pourtant nous n'avions pas encore lu le livre d'Élisabeth Kübler-Ross qui décrit des scènes similaires.

Nous trouvons la confirmation d'une telle communication dans *Les morts nous parlent*, du père François Brune : « Il semble d'ailleurs qu'il y ait au moins une autre façon d'accéder aux mondes supérieurs, ou, peut-être, de traverser ce tunnel : en dormant. Beaucoup de nos chers disparus nous affirment que, très souvent, nous les rejoignons pendant notre sommeil. Ce sont alors de vraies retrouvailles provisoires, de doux entretiens, dont malheureusement nous perdons presque toujours le souvenir au réveil. »

Les autres types de communication peuvent prendre la forme de manifestations « physiques ». La première est intervenue le samedi 3 février 1996, c'est-à-dire deux mois après la disparition de Karine. Nous étions dans le vol Paris-Mexico et Yvon avait senti, pendant une fraction de seconde, *Loulou*, de Cacharel, le parfum de Karine. Nerveux, il avait interrogé les passagers les plus proches, mais personne n'utilisait ce parfum. Nous étions, comme on peut l'imaginer, très émus. Le dimanche 11 février, nous nous levons et découvrons la lumière de la bibliothèque allumée, or il est impossible de monter au premier étage sans la voir. Autre signe concret de Karine pour nous dire : « Je suis là. » Nous pleurons et prions dans un mélange de joie et de tristesse. Ce même jour, nous allons à la synagogue à Mexico pour vérifier le texte de la pierre tombale. De retour à la maison, nous trouvons la calculatrice électrique allumée. Quelques minutes avant de partir, nous étions tous les deux dans la chambre de Karine, devant cette machine. Cet appareil ne peut s'allumer facilement, le bouton étant sur le côté et, de plus, les chiffres sont très lumineux. Pour nous il n'y a aucun doute : il s'agit d'un phénomène paranormal.

Depuis ce jour et jusqu'au 25 mars 1996, date du premier contact positif TCI, les manifestations se multiplient : deux chaises de la salle à manger sont déplacées dans la nuit, et nous les trouvons dans la position choisie par Karine lorsqu'elle faisait des devoirs avec une amie ; de nouveau, la lumière dans la bibliothèque ; des portes qui claquent alors qu'elles sont fermées à clé ; un cadre contenant un diplôme est retrouvé sur le sol, à deux mètres du mur où il était accroché. Le verre ne s'est pas cassé. Nous avons effectué par la suite de nombreux essais et le verre s'est brisé, le cadre n'allant jamais plus loin que cinquante centimètres. Magna, la chatte de Karine, vient se coucher à l'endroit où le cadre est tombé et s'endort en ronronnant.

De combien d'éléments supplémentaires a-t-on besoin pour admettre que nos êtres chers se manifestent ? Nous éprouvons l'impression de signes constants. En plusieurs occasions, nous sentons le parfum de Karine, dans le bureau d'Yvon, sur la main de Maryvonne, sur son épaule, à la synagogue, dans la voiture, etc. ; le téléviseur s'allume ou s'éteint, sans que l'on touche à la télécommande ; les chaînes changent toutes seules ; alors que Maryvonne est éveillée, Karine lui fait vivre les circonstances de son accident comme si elle était assise sur le siège arrière de la voiture. Plus tard, lorsque nous connaîtrons enfin la réalité des faits, nous pourrons vérifier toute l'exactitude de cette reconstitution. Un jour, Tuly, notre scottish-terrier, tourne sur lui-même en regardant fixement un point, un peu comme si quelqu'un lui tirait les « moustaches » ou lui offrait un os ; Maryvonne laisse son livre en cours de lecture, avec une marque page 57 : quelques instants plus tard, elle se trouve page 87 ; le répondeur nous indique un message, mais en mettant la bande en marche elle se déroule à l'envers ; à la synagogue, quelqu'un marche sur le pied de Maryvonne, bien que personne ne soit près d'elle...

Il nous semble que Karine parvient à « parler » à son père même si celui-ci n'est pas toujours disponible pour « l'entendre ». Par exemple, le 21 mai 1996, à Quito en Équateur, Maryvonne flâne dans une librairie. Yvon revient de son travail et, brusquement, Karine lui dit : « Entre dans la librairie, maman s'y trouve. » Il obéit et tombe sur Maryvonne.

Ces quelques exemples illustrent une longue liste de manifestations à travers lesquelles nos êtres chers veulent nous dire qu'ils sont avec nous. Il ne faut pas oublier que Karine était jeune et aimait plaisanter. Dans l'au-delà elle continue. Toutefois, les manifestations changeront peu à peu de nature. Elles deviennent plus complexes, plus impressionnantes.

Le 8 juin 1996, nous sommes en vol entre San Salvador et Guatemala dans un appareil de la compagnie salvadorienne. Nous avons dû attendre une heure avant de décoller en raison d'un incident technique. Le trajet ne dure que vingt-cinq minutes et le commandant annonce la descente vers Guatemala. À ce moment, Karine transmet à Yvon par la pensée : « L'avion retourne à San Salvador. » Il ne fait pas cas de cette « pensée », et pourtant, quelques minutes plus tard, le commandant annonce que nous retournons à San Salvador pour réparer un petit problème technique dans les hangars de la compagnie aérienne. Mais cet épisode est le préambule d'une manifestation encore plus forte. Avant le Salvador et le Guatemala, nous étions à San José de Costa Rica. Yvon se trouve dans les bureaux de la filiale de l'entreprise, et Maryvonne dans une chambre à l'hôtel. Nous avons tous les deux une conversation téléphonique bien particulière et qui ne peut prêter à confusion. Nous commentons en effet un échange téléphonique qu'Yvon vient d'avoir avec le père de Maryvonne en France concernant l'état de santé assez grave de sa mère. Quelques jours plus tard, le 11 juin, nous rentrons à Tolúca à trois mille kilomètres de là et, en présence d'un témoin, nous écoutons les messages du répondeur. Surprise ! Nous trouvons enregistrée une partie de notre conversation téléphonique du 6 juin. Yvon dit : « Ce n'est pas possible, c'est la conversation du Costa Rica. » Maryvonne ramène la bande en arrière pour réécouter, mais le message a disparu et, à la place, on entend : « Ce n'est pas possible, c'est la conversation du Costa Rica. » Maryvonne revient une nouvelle fois en arrière et... tout a disparu, cependant que les autres messages commencent à défiler normalement. Comment expliquer ce phénomène ?

Comme le disait si bien Isaac Newton, le fameux physicien, mathématicien et astronome anglais : « Les choses n'ont pas besoin d'être expliquées, il suffit simplement qu'elles soient vraies. »

Ce même jour, dans la boîte à outils que nous utilisons relativement souvent, nous trouvons bien en vue, juste sur le dessus, une lettre K en tissu brodé rouge. D'où vient-elle ? Aujourd'hui, nous pensons qu'il s'agit de ce que nous appelons un « apport », un cadeau qui nous vient de l'au-delà. D'autres manifestations de cette nature interviendront. La dernière en date s'est déroulée le samedi 26 mai 2001, alors que nous étions à Luxembourg pour rendre visite à Maggy et Jules Harsch-Fischbach. Après la visite de la ville et un bon repas dans une auberge, nous nous retrouvons tous les quatre à leur domicile. Pendant que Maggy prépare le café à la cuisine, nous discutons tous les trois, dans la salle à manger, autour de la statuette d'Horus, le dieu solaire de l'ancienne Égypte, dont un nouveau projet TCI avec des entités supérieures porte le nom. Tout à coup, une petite boule en papier d'environ trois centimètres de diamètre se matérialise sous nos yeux en se projetant à grande vitesse et avec un sifflement sur l'épaule gauche d'Yvon, avant de rebondir sur la fenêtre. La surprise nous rend muets. Jules, certes plus habitué que nous à ce genre de phénomène mais probablement préoccupé par le choc émotionnel que cela pourrait nous provoquer, ne réagit pas. Nous ouvrons la boule de papier, en partie brûlée. Elle contient une petite étoile de David ciselée, d'environ un centimètre et demi, sur laquelle est inscrit en lettres à peine lisibles : « *De Karine, pour maman.* » L'événement se déroule en France, la veille de la fête des Mères. L'épaule d'Yvon est restée chaude pendant plus d'un quart d'heure. Maryvonne s'est souvenue que pour la fête des Mères, au Mexique, le 10 mai, Yvon lui avait remis une carte de vœux de la part de Karine, se terminant par : « *À très bientôt pour la fête des Mères en France, il y aura une* surprise *que je ferai parvenir à papa. Ta petite biche. Karine.* » Yvon avait complètement oublié ce message, pourtant récent, de même qu'il ne se souvient pas pourquoi il l'a écrit.

En rentrant au Mexique, nous avons relu les

messages obtenus par le médium Henri Vignaud le 26 mars 1998, et retrouvé celui-ci : « Il y aura des signes de communication avec Karine. Comme une brûlure, quelque chose qui chauffera. Cela vous arrivera dans un autre lieu que chez vous. *Surprise !* » Au développement de la photo prise ce jour-là, nous découvrons avec émerveillement que le reflet sur l'anneau représente un cœur.

Le 19 juin 1996, nous partons pour Paris, et le dimanche 21 toute la famille se réunit dans la nouvelle maison de Patricia et de son mari.

Après le repas, qui a lieu dans le jardin, nous discutons debout en prenant le café. Tout à coup une tasse tombe de la table et éclate au sol. Personne ne l'a vue se briser mais, comme Huguette, la sœur d'Yvon, se trouve à proximité, c'est elle qu'on « accuse ». Par la suite, Huguette nous confessera qu'elle n'avait jamais touché la table. Un fait similaire s'est produit avec le mari d'Huguette. Un plat est tombé sur le sol de la cuisine, et cette fois c'est Huguette qui a accusé son mari. Or celui-ci était à plus d'un mètre de la table en train de bavarder avec nous. Quelques minutes plus tard, le son de la télévision, que nous avions réglé au plus bas, retentit sans que personne ait touché la télécommande. Impossible de le réduire sauf en débranchant le téléviseur. Le technicien n'a pas pu réparer l'appareil et n'a pas réussi à expliquer la panne.

Entre le 8 et le 10 août 1996, Maryvonne entend quatre coups dans le mur, quatre coups sur la vitre de notre chambre, quatre coups sur la tête de lit, qui a même bougé. Le 23 août à San Salvador, elle essaye de communiquer avec Karine par écriture automatique. Pendant qu'elle commence à écrire, elle ressent comme une boule d'énergie « magnétisée » qui se rapproche, venant de la fenêtre. Les poils de sa jambe et de son bras gauches se hérissent et une poussée très forte lui fait perdre l'équilibre au point de tomber presque de sa chaise. À ce moment, par transmission de pensée, Karine s'excuse en expliquant qu'elle ramène Ruffo, un énorme chien que nous avions et qui est parti quelques mois plus tôt.

Le 27 août, alors que nous avions rendez-vous au parquet, dans le cadre de l'enquête sur l'accident dont Karine a été victime, notre avocat se trompe d'horaire. Il est 10 heures, et nous devons rencontrer l'auteur de l'accident et sa famille, mais notre avocat vient à peine de quitter Tolúca. L'avocat de la partie adverse et le magistrat refusent d'attendre. Nous commençons donc sans lui. La greffière utilise un ordinateur et, vingt minutes plus tard, les déclarations des uns et des autres s'achèvent alors qu'arrive notre avocat. Au même moment, toutes les déclarations s'effacent de l'ordinateur sans que personne y ait touché. La greffière, médusée, n'y comprend rien. Nous, si... Chacun pensera ce qu'il voudra ! Les déclarations sont de nouveau transcrites, mais cette fois en présence de notre avocat.

Entre le 14 et le 17 octobre, Yvon est en déplacement dans le nord du pays. Pendant deux nuits, Maryvonne, seule, sent plusieurs fois « les petites pattes » d'un chat qui se promène sur son lit. Le 17 décembre, Yvon rentre fatigué de son travail. Nous avons un rendez-vous à l'Alliance française et il demande à Maryvonne de conduire. Karine lui transmet un message par télépathie : *« Si maman conduit, elle va avoir un accrochage. »* Comme souvent, il rejette cette « pensée ». En sortant du stationnement, une voiture nous accroche. Le 20 janvier 1997, un papillon jaune et noir vient se poser sur le doigt de Maryvonne. Devant son incrédulité, Karine lui met en tête :

« C'est moi » (en grec, papillon veut dire aussi « âme »). Ce fait se reproduira dans notre jardin en octobre 1998.

L'une des plus belles manifestations, bien qu'elles soient toutes extraordinaires, se produit lors d'un voyage à Paris où Yvon suit un stage. Profitant de notre séjour, le samedi 22 mars 1997 nous décidons d'aller enfin faire la connaissance de Monique et Jacques Blanc-Garin en Normandie. Ils président l'association Infinitude qui avait établi un contact avec Karine. Ce jour-là ils ont organisé une réunion de pratique TCI avec un groupe de quinze personnes. C'est pour nous l'occasion d'améliorer une technique que nous n'avons apprise qu'au travers des livres.

Avant de continuer, il nous faut préciser qu'une des médailles de Maryvonne s'était, en deux occasions et chaque fois le soir au lit, décrochée de la chaîne pourtant fermée. Nous l'avions fait vérifier par un bijoutier mais, selon lui, aussi bien la chaîne que la médaille étaient en parfait état : la médaille ne pouvait pas sortir seule de la chaîne ! Au cours de la réunion chez Monique et Jacques Blanc-Garin, chaque personne présente pose deux questions à un être cher et, selon la technique, nous laissons se dérouler la bande audio une minute pour permettre la réponse. À la fin, nous écoutons tous les résultats. Les participants enregistrent aussi cette session avec leur propre magnétophone, pour en conserver un souvenir. À la question : « Peux-tu me dire pourquoi, deux fois, ma médaille a été enlevée de la chaîne ? », Maryvonne obtient comme réponse : « *Maman, je t'aime.* » Nous sommes très heureux, bien entendu, mais un peu déçus car nous attendions une réponse précise.

Le lendemain, un peu reposés, nous écoutons notre propre enregistrement. Surprise ! À la question posée au sujet de la médaille, nous n'avons plus « *Maman, je t'aime* » mais « *On va se voir à la synagogue vendredi* ». Nous avons du mal à assimiler, malgré tout ce que nous savons déjà de la TCI. Ce message, de plus, a un sens très intime et nous nous rendons compte que c'est ce que Karine voulait exprimer en attirant notre attention sur la médaille religieuse.

Bien évidemment, ce vendredi, toute la famille est réunie à la synagogue, à Paris, et nous savons que Karine est présente puisqu'elle nous l'a dit. Nous prions pour elle comme jamais.

Communications avec l'autre dimension

Dans le livre de Corinne Kisacanin, *Dialogues avec les morts*[1], Maryvonne s'intéresse à l'écriture automatique que l'auteur utilise pour communiquer avec son mari décédé. « Je tenais normalement mon stylo et il se mit à faire des ronds, écrit-elle, des boucles, des traits, parfois même il sortait de la page, et tout naturellement il y revenait. J'éprouvais une sensation bizarre. J'étais à la fois inquiète et stupéfaite. Je crois que je ne réalisais absolument pas ce qui m'arrivait. Puis, je formai des lettres qui devinrent des mots tout à fait lisibles mais dépourvus de séparation et de ponctuation. Je continuai à écrire sans comprendre. »

Le 25 mars 1996, dans l'après-midi, c'est-à-dire le jour même du premier contact par TCI, nous obtenons des dessins que nous ne parvenons pas

1. Éditions du Rocher, Monaco.

à interpréter. Au début, il semble que rien n'ait de sens et on ne comprend pas ce qu'on écrit ou dessine. Il faut beaucoup de patience, de foi et d'amour. Yvon, par exemple, n'est jamais parvenu à communiquer par cette technique.

Le 2 avril 1996, soit au quatrième mois de l'envol de Karine, nous sommes à Taxco avec Perla Cuevas, que nous connaissons depuis plus de vingt ans. Elle adore sa « Karineta coqueta », comme elle l'appelait souvent. Nous sommes allés nous reposer deux jours dans son magnifique hôtel colonial situé sur le *Zocalo*, la place principale. Le résultat de l'écriture automatique, ce jour-là, donne : « *K.* » Le lendemain, s'inscrit « *RIN* », soit en phonétique et en rapprochant les deux messages, « Karine ». Le mot « *Maman* » s'inscrit le 8 avril. Maryvonne obtient ensuite : « *Ne me pleurez...* », puis, quarante-huit heures plus tard, « *... pas* », la fin de la phrase ! Ensuite : « *Je vous aime* », et « *Elle ne peut venir* ». Karine répondait là à une question de Maryvonne sur une possibilité de contact avec la mère d'un ami.

Les messages peuvent donc parvenir par écriture automatique, mais aussi, très souvent, par écriture inspirée. Cela signifie qu'au lieu de sentir que le crayon est guidé pour reproduire l'idée ou le message, la communication est mentale et cette idée ou ce message sont transmis de pensée à pensée. On obtient ainsi de plus longues communications. Mais, dans ce cas, il faut être très vigilants et pratiquer avec discernement afin d'éviter que les deux pensées ne se mélangent. Nous le savons et nous en tenons compte. Il n'est pas question de mettre en doute la validité de cette technique, mais d'être très prudents quant à l'interprétation des messages reçus.

Dans leur majorité, ces messages sont intimes et personnels. En presque quatre ans, nous avons reçu de Karine l'équivalent de deux cents à trois cents pages ! En général, elle nous réconforte et nous oriente. Elle nous précise aussi certains aspects de la transition entre nos deux mondes.

Voici quelques exemples de messages. Le 20 avril 1996 : *« Un bon voyage. »* Effectivement, deux jours plus tard, Yvon est chargé d'une mission professionnelle dans divers pays d'Amérique centrale et du Sud. Karine transmet alors : *« Papa, je t'attends. »* Et elle ajoute pour Maryvonne : *« Ne pleure pas. »* Maryvonne se rend malade, croyant que, dans peu de temps, Yvon va rejoindre Karine. Elle ignore que, tous les jours en passant près du cimetière, Yvon dit à Karine qu'il l'aime et qu'il la rejoindra un jour. En fait, la réponse à la peur de Maryvonne survient deux jours plus tard, le 24 avril 1996 : « *J'lai pas dit. Ne viendra pas maintenant. Il n'est pas l'heure.* »

Dans ce type de communications, il n'existe pas de règles grammaticales, ni d'orthographe, les mots peuvent même être inversés. Dans le cas de Maryvonne, il n'y a pour ainsi dire jamais de ponctuation, les lettres sont soudées les unes aux autres. Tout s'écrit rapidement, sans pensée logique. On ne comprend que lorsque la phrase est terminée. Il ne s'agit au demeurant ni de l'écriture de Karine ni de celle de Maryvonne. Une situation qui peut être différente pour d'autres personnes pratiquant cette technique.

Le vendredi 26 avril, Maryvonne se trouve dans le bureau d'Yvon car, à 19 heures, nous devons nous rendre à l'office de la synagogue, à Mexico. Karine nous transmet un message sur un prochain voyage au Pérou et nous dit : « *Lima sera le point où ne sera pas très facile. Ne serai pas là, mais serai là très souvent. Je vous suis et je vous aime tous les deux.* »

Le lundi 29 avril, à Santiago du Chili, nouveau message : « *J'ai la mission de vivre vous près, il faut avoir la foi, ne vous laissez pas aller même si vous ne me voyez pas, je suis là avec vous, ne me voyez pas morte, je suis vivante, ne l'oubliez pas, je continue à être avec vous, la même Karine, votre fille aimée. Avez-vous bien entendu ce message ? La vie et la mort ne se séparent pas, on se verra bientôt, de l'autre côté, la vie est belle...* »

Jeudi 2 mai, à Buenos Aires en Argentine : « *Je suis dans un monde de bonté, j'ai la vraie vie, je ne la vois pas triste, oubliez la mort, elle n'existe pas. La vie n'est pas la même, elle est la vie. La haine n'est pas bonne, le pardon est bon...* »

Le dimanche 5 mai, à Lima au Pérou, Karine ne vient pas comme elle l'avait annoncé, mais pourtant une entité écrit : « *Où est-elle ?* » Le jour suivant, après avoir obtenu de nombreux dessins, Maryvonne obtient un court message du père d'Yvon qui a rejoint la vie éternelle à l'âge de quatre-vingt-six ans. Le 7 mai, toujours au Pérou, il adresse un message à sa femme et à ses enfants : « *Ma chère femme Fortune, je t'aime et je suis bien. Je suis avec Karine, n'aie pas peur de la mort, c'est beau et nous viendrons vous attendre. Mais il n'est pas l'heure encore. À bientôt, je vous aime, à toi ma femme, et à tous mes enfants. Votre mari et papa.* »

Le jeudi 9 mai, nous sommes de retour à la maison, à Tolúca. Karine nous dit : « *Je ne vous quitterai plus et nous serons toujours ensemble, d'une façon ou d'une autre. La vie se prolonge et nous continuons à nous aimer...* »

Le vendredi 10 mai, jour de la fête des Mères au Mexique, Karine envoie à sa mère un merveilleux message d'amour, et elle ajoute : « ... *le monde où je vis est très comparable mais aussi très différent, ce n'est pas facile à expliquer. Nous vivons avec des normes qui ne sont pas les mêmes. Nous ne pensons qu'à faire le bien pour ceux qui sont restés sur terre, nous avons la même mission qui est d'aider, chacun attend ou a besoin de savoir des choses différentes, mais nous sommes toujours avec vous, merci, surtout, pour ne pas avoir cru que tout était fini. Nous pourrons faire de grandes choses grâce à votre foi et votre amour...* »

Le mardi 14 mai, anniversaire d'Yvon, il reçoit un des plus beaux messages qu'un père voudrait entendre de sa fille. Trop personnel pour être reproduit, il est une preuve de plus des contacts avec l'au-delà. La partie finale est plus générale : « ... *c'est maintenant que votre foi est nécessaire, quand il faut croire l'incroyable. Ne vous sentez pas mal quand cela ne marche pas, vous rencontrerez beaucoup d'incrédules qui trouveront toujours un bon prétexte pour ne pas croire, même avec l'évidence sous les yeux, c'est normal, ainsi est faite la vie terrestre, les êtres pensent que leur vie est plus importante et ils passent à côté de ce qui est leur vraie vie, mais ils la découvriront de toute façon le jour où ils quitteront ce monde égoïste pour nous rejoindre. Ceux qui auront cru se sentiront bien et ceux qui n'auront pas cru auront du regret, après tout, il ne s'agit que de convaincre un monde d'incrédules de l'éternité de la vie...* »

Le samedi 18 mai, à l'aéroport de Bogotá, en Colombie, nous attendons. Nous devions partir à 11 heures et ne décollerons qu'à 18 heures. Maryvonne est inquiète. À 13 heures, elle s'isole un peu pour questionner Karine. Voici la réponse : « *Je ne peux pas te dire ce qui va se passer mais il va falloir avoir encore beaucoup de patience. L'avion n'est pas prêt. Il est possible que l'on vous change de vol et que celui-ci s'annule. Ne vous en faites pas mais patience, patience et patience...* » Lorsque nous vérifions le motif du retard, il s'avère que tout ce que Karine avait annoncé est exact, il y a un changement de vol pour la moitié des passagers.

Le dimanche 2 juin, à San José de Costa Rica, cela fait six mois que Karine est partie. En ce jour anniversaire, elle nous laisse un message très émouvant : « *Pensez que je suis bien et que c'est cette vie qui compte. Je sais que vous êtes capables de comprendre cela maintenant et c'est à vous que vous le devez, grâce à votre foi et volonté, votre amour surtout et votre courage, nous allons continuer à être une famille et nous ferons beaucoup de choses ensemble. Ne portez pas tant d'intérêt au corps physique, je ne suis pas au cimetière, je suis bien plus près de vous, je suis fière de vous et de votre courage. Vous êtes entrés sur le chemin de la vérité et de la vraie vie, merci de m'aimer comme vous m'aimez. Je vous le rends et vous le rendrai toujours de plus en plus. Il y a une puissance supérieure qui nous guide, notre relation est une chose merveilleuse que peu de gens ont et peuvent comprendre...* »

Le lendemain, nouveau contact : « *Hier, vous avez reçu une grande émotion mais vous l'avez bien acceptée, il ne faut pas penser à mon âge, ma vie sur terre a été courte, mais grâce à vous, j'ai tout eu, et maintenant j'ai une autre vie qui est la vie réelle, pour laquelle chacun devrait se préparer sur terre. Normalement, c'est le but de notre passage sur terre mais peu de gens le savent. Le destin existe, c'est quelque chose qui est en nous en même temps que la vie, personne ne peut le connaître, sinon la vie serait impossible sur terre. Cette puissance supérieure que l'on peut appeler Dieu nous met et nous retire quand c'est le moment, cela paraît injuste pour la famille mais, si les gens étaient préparés à ce qui suit, les douleurs seraient moins grandes. Mais quelle religion va accepter de dire les choses comme elles sont ? Beaucoup de personnes le savent mais cela ne convient pas à tout le monde que l'on sache que la vie continue et bien plus belle. C'est une révolution dans les pensées du monde terrestre, mais peu à peu, avec des témoignages de personnes comme vous, nous arriverons à ce que des personnalités plus importantes s'y intéressent, nous avons tout notre temps, nous ne donnerons jamais de preuves matérielles pour que l'on croie, mais nous consoliderons la foi...* »

Le mardi 4 juin, Karine n'est pas là, cependant il y a un message qu'il faudra plus de deux heures à Maryvonne pour écrire.

À partir du mercredi 12 juin 1996, à notre retour à Tolúca, commence une série de messages contenant des informations répondant à certaines de nos questions ou à nos doutes : « *Si vous voulez, nous allons parler un peu de la vie. Nous n'avons plus besoin de ce que nous avions sur terre, nous recevons de l'aide dès notre arrivée et dès que nous sommes adaptés, on nous laisse le choix de ce que nous voulons faire, ce n'est pas papy qui est venu me chercher. Mon départ a été trop brusque mais je l'ai vu rapidement, la personne qui est venue pour moi est une inconnue, mais elle a choisi cette mission. Cela n'a pas été trop difficile de comprendre car je me souvenais de tout et même après, le plus difficile, c'est de voir souffrir la famille. Certains acceptent rapidement ce qui leur arrive car ceux qui nous attendent nous font vite comprendre que c'est irréversible. J'ai vite pensé que je pouvais vous être d'une plus grande aide malgré votre immense douleur. Je ne pouvais pas faire marche arrière, le mieux était donc d'accepter les choses et d'apprendre rapidement comment vous aider. C'est maintenant une de mes missions, vous apporter le plus de réconfort possible ainsi que vous aider à trouver les éléments qui vous serviront à vous et à l'humanité, je vous admire pour votre façon de réagir. Vous n'avez jamais perdu la foi ni votre amour pour moi, nous voudrions bien que beaucoup de parents réagissent comme vous. Il y a tellement d'êtres ici qui souffrent en voyant la douleur continue de leur famille, ils envoient eux aussi des messages, mais ils ne sont pas reçus à cause du grand chagrin et surtout du manque de foi dans la vie éternelle. (...) Bientôt vous vivrez avec moi comme si j'étais à côté de vous, je vous l'ai dit, je suis vivante et ma vie est ici. Nous sommes presque tous heureux, je dis presque pour ceux qui ne reçoivent que des larmes ou ceux qui sont oubliés et surtout ceux qui doivent vivre avec le repentir, ne vous faites pas de soucis, je suis heureuse, le monde est si bien fait que, peu à peu, tout le monde sera heureux, mais ce sera plus ou moins long selon ce qu'on a fait sur terre. Certains refusent l'aide, mais un jour ils y arriveront aussi. Ne me posez plus de questions sur l'accident, ce n'est pas le plus important pour moi. (...) Ne cherchez pas à savoir avant que je vous dise, c'est important pour vous mais pas pour moi. Je peux déjà vous dire que je peux me déplacer sans problèmes, je peux même être à plusieurs endroits en même temps mais par la pensée, le temps et l'espace ne comptent pas. Le doute et le rejet ne nous permettent pas de nous manifester, si vous recevez tant de preuves, c'est grâce à votre foi et votre esprit ouvert. Ici nous sommes libres, nous pouvons choisir ce que nous voulons faire. C'est un endroit peu descriptible mais nous sommes heureux. Il y a beaucoup de paix et d'amour. Nous communiquons par la pensée. Il suffit de penser à quelqu'un pour pouvoir le voir ou lui parler, nous avons beaucoup de pouvoirs mais nous ne devons pas les gaspiller. Ils doivent servir pour des choses importantes. Je pourrais vous soigner de tous vos petits maux, mais ce ne serait pas bien. Nous pouvons éventuellement intervenir dans des cas extrêmes de douleurs, la vie ici ne nous permet pas de pleurer mais parfois nous sommes tristes et malheureux en voyant vos larmes et votre peine, mais cela ne dure pas. »*

Le dimanche 16 juin, pour la fête des Pères, Yvon reçoit un message encore plus extraordinaire que celui de son anniversaire. Bien que nous sachions que nous ne devons pas pleurer parce que nous faisons du mal à nos êtres chers, l'émotion est trop forte, et ce jour-là Yvon a beaucoup pleuré.

Le dimanche 23 juin, après une semaine sans nouvelles d'elle : *« Je n'ai rien fait de spécial mais j'étais bien occupée. Le temps ne compte pas, ne l'oubliez pas, même si je m'absente plus longtemps. Ici, nous avons toutes les sortes d'animaux et tous vivent en harmonie. Ici, il n'y a pas de bagarres entre les animaux, ils vivent tous en paix. »* Et parlant de notre visite au cimetière, quelques heures plus tard : *« Je sais que vous devez partir ; ce n'est pas à moi de vous dire de ne pas y aller, mais pensez à y aller moins souvent. »*

Cette remarque correspond à une réflexion du

père Brune : « Tous les cimetières sont vides. On ne le répétera jamais assez. Plus précisément, les tombes ne contiennent que de vieux vêtements en cours de décomposition, vieux vêtements d'étoffe et vieux vêtements de chair. Infiniment respectables sans doute puisqu'ils ont été les derniers vêtements de ceux que nous aimons. Mais eux sont ailleurs, sous ces dalles ne gît personne, ne repose personne. (...) *Requiescat in pace*, Qu'il repose en paix, dit toujours le prêtre lors de l'enterrement. La paix dont il s'agit n'est pas précisément un repos. C'est un glissement de sens, dû à une traduction trop littérale, d'abord en grec *(eirênê)*, puis en latin *(pax)*, enfin en français (paix), du mot hébreu *shalom* dont le sens est beaucoup plus riche. C'est la paix, mais aussi le bonheur, la plénitude de la vie. Dans bien des religions, les rites censés assurer "le repos" des morts visaient surtout à rassurer les vivants qui n'avaient que trop peur de voir les morts revenir sous forme de fantômes insatisfaits[1]. »

Le lundi 24 juin, Karine nous apporte de nouvelles précisions : « *Pour la famille, c'est différent, nous ne vivons pas ensemble, bien sûr, nous pouvons*

1. François Brune, *op. cit.*

nous voir quand nous voulons mais chacun vit dans un endroit différent. Papy a retrouvé sa famille et il est heureux, le caractère est le même. Il discute beaucoup et fait des blagues, mais les mauvais aspects de son caractère n'existent plus. Parfois, il se fâche un peu, mais cela ne dure pas. Nous sommes répartis par niveau. Je suis avec un groupe de jeunes, comme moi et qui avons les mêmes affinités. Ici il n'y a pas de tricherie dans les amitiés, mais comme nous gardons notre caractère il est logique que nous nous entendions mieux avec l'un qu'avec l'autre. Nous pouvons dire que nous avons des maisons, mais on ne peut pas les décrire avec vos mots. Il y a des âmes qui arrivent et qui choisissent de se reposer, ce n'est pas mon cas. Il y a tellement de choses à apprendre et à faire, ce qui ne m'empêche pas d'être aussi avec vous. Les couleurs sont magnifiques et le blanc domine. N'oubliez pas que les descriptions que vous recevez sont faites pour que vous puissiez comprendre et pour que vous ayez une idée la plus proche possible de la réalité mais ce sont des mondes différents et à la fois identiques. (...) »

Vendredi 28 juin 1996 : « *Tout le monde ne se régénère pas dans le même temps. Pour certains, c'est très rapide mais pour d'autres cela peut durer des mois, voire des années. Tout dépend de leur maladie et de leur état de conscience. La maladie se guérit vite mais le reste est plus pénible et plus long, ceux qui ne sont pas malades doivent seulement passer en "jugement" pour leur vie sur terre, ceux qui avaient la foi et se sont bien comportés passent rapidement les premières étapes. Comme vous voyez, ce qui ne se paye pas sur terre devra se payer ici. Rien n'est laissé dans l'oubli. »*

Vendredi 5 juillet 1996 : « *J'ai une vie très agréable et je peux étudier ce que je veux, nous sommes tout le temps occupés et comme le temps n'existe pas, on ne se rend pas compte. Nous avons aussi conscience de toutes vos pensées. C'est pour cela que nous pouvons parfois intervenir mais sans en abuser, surtout quand les parents ont pris conscience. »*

Lundi 8 juillet 1996 : « *Je ne peux pas te parler de la réincarnation pour le moment, c'est un sujet complexe, même pour nous, le fait de revenir à la vie terrestre n'est pas donné à tout le monde. Je ne pense pas que ce soit un cadeau mais cela arrive dans des cas particuliers. Nous ne pouvons pas donner plus d'explications. L'eau est importante pour nous, c'est une source d'énergie. Nous avons des ruisseaux et des montagnes pas très hautes, nous avons des vallées et des collines où les âmes peuvent se promener tranquillement. Il y a peu de bruit et ceux que nous entendons sont ceux de la nature. Tout est beau et bien vert et les fleurs sont magnifiques mais on ne les coupe pas, nous n'avons pas besoin de dormir mais nous pouvons nous relaxer dans les jardins. La fatigue n'existe pas, il y a encore beaucoup de choses que je dois apprendre ici. Papy est avec sa famille, il continue à jouer aux boules et il voudrait me faire connaître à tout le monde, mais nous avons des vies différentes, il a choisi la tranquillité et moi l'occupation. Non, maman, pas plus que sur terre, tu ne pourras voir Dieu ici, on croit et c'est tout. Toutes les âmes sont dans l'amour de Dieu. Certaines gardent quelques coutumes de leur religion, on apprend comment gérer notre vie, sans temps, sans espace. On apprend vite la façon de se déplacer, de voir, d'entendre, de se manifester, mais ce n'est pas facile au début.* »

Mardi 10 juillet 1996 : « *Le plus important, c'est que vous sachiez que je suis bien, vivante, et heureuse. Le destin doit s'accomplir d'une façon ou d'une autre mais il était écrit que ce serait ainsi. Je n'ai pas souffert, et je peux faire ici tant de choses que je n'aurais pu faire sur terre.* »

Mardi 16 juillet 1996 : « *N'oubliez pas que peu*

à peu, je serai moins avec vous par écriture, ce qui ne veut pas dire que je ne vous surveille pas, la règle est ainsi, l'important c'est ce que vous faites et que vous semiez les graines, ne vous préoccupez pas si les personnes croient ou non. La graine est semée et chacun possède son libre arbitre pour faire croître ou non cette graine. Vous, continuez ainsi. La vie ici est un peu compliquée, nous avons plusieurs niveaux et je ne peux pas connaître les niveaux supérieurs avant d'y accéder moi-même par mon élévation spirituelle. Je ne sais pas si les âmes disparaissent un jour totalement, mais cela ne me paraît pas logique, j'ai toujours été contre l'avortement, et cela se confirme ici, la vie commence le jour de la conception et non pas à la naissance. L'avortement est un crime qu'il faudra payer. La croissance de ces bébés continue et après on leur trouve une famille d'adoption, pour qu'ils grandissent normalement. Ils vont à l'école mais leur développement tant physique que spirituel est très différent puisque le temps n'existe pas. Ils sont heureux, jouent et chantent. Je n'ai pas encore de mission bien fixe mais il est possible que je me dirige vers les enfants. Nous essayons de préparer les personnes de la terre pour leur vie ici, qui sera leur vraie vie, mais c'est difficile, il y a tellement de points négatifs. Les gens ne pensent qu'à leur vie sur terre, croyant que c'est la seule chose importante, alors que ce qui les aiderait serait d'avoir un peu plus de spiritualité, toutes les religions sont bonnes, elles ont le mérite d'essayer de maintenir les gens dans le droit chemin, mais quel dommage qu'elles ne veuillent pas parler plus ouvertement de notre existence, cela aiderait tellement. »

Mardi 20 août : « *Maman chérie, je vais vous faire un résumé de ce qui se passe depuis l'instant où nous laissons la vie terrestre et une partie de ce que nous faisons en arrivant ici. Je ne peux vous dire que ce que je sais, ou ce que je crois savoir. Je peux me tromper aussi, car seulement les niveaux les plus élevés ont le savoir. Il faut déjà faire une différence entre les façons de partir. D'un côté, les maladies ou morts naturelles, quel que soit l'âge, et d'un autre, les morts brusques comme les accidents et les assassinats, et encore à part les suicides. Le fait de mourir ne fait pas perdre la conscience, c'est pour cela que certains souffrent tant ici quand ils voient la douleur de leur famille, les larmes et tout ce qui se passe parce que les gens ne savent pas ou ne croient pas dans la vie après la vie. Ils devraient se réjouir du fait que leurs êtres chers ont atteint la vie éternelle. Il ne faut pas être égoïste en ne pensant qu'à vous et au manque physique de celui qui est parti. Nous sommes tous vivants et beaucoup plus heureux. Pourquoi pleurez-vous ? Par égoïsme, parce que vous ne pensez pas au bien pour nous mais seulement au manque que cela vous provoque. Celui qui arrive ici, d'un certain âge, par maladie ou mort naturelle, est toujours reçu par un membre de sa famille qui l'a accompagné dans ses derniers instants terrestres. Il arrive très souvent que ces personnes perçoivent dans leur chambre la présence de ceux qui sont venus les chercher ; au pied du lit, près des portes, au plafond...*

» Aussi, au moment du dernier soupir, ils sont tranquilles parce qu'ils ont perçu ce qui se passait et la transition est parfaite. Les explications sur ce que chacun ressent sont variables mais souvent ils ont une sensation de tournis et ils aperçoivent cette belle lumière qui brille sans éblouir. Toutes ces personnes ne ressentent jamais la peur parce qu'elles sont avec des familiers, mais parfois elles hésitent en voyant la douleur de ceux qui restent. Ressentir la douleur et pleurer sont des sentiments normaux, mais il ne faut pas s'accabler à l'excès, surtout quand on sait le mal que cela nous fait. Au contraire, il faut nous souhaiter un bon chemin vers la lumière.

» Les décès par accident ou assassinat sont différents parce qu'on se trouve projeté dans l'autre

monde, sans comprendre ce qui nous arrive. Ce n'est pas un être familier qui vient à cause de la violence de la séparation, mais il y a des âmes qui ont choisi cette mission. C'est plus difficile que de faire la transition de manière naturelle car on est toujours vivant, on parle, on entend, on voit et sur le moment on ne comprend pas pourquoi la famille et les autres personnes crient et pleurent. Tous n'acceptent pas si facilement de suivre leur guide vers l'au-delà, c'est une réaction logique. Il n'y a que deux solutions : accepter les explications de notre guide, car on ne peut pas faire marche arrière, ou se rebeller et rester entre les deux vies. Cela provoque des confusions auprès des personnes qui perçoivent des manifestations d'âmes perturbées qui ne sont pas encore parties vers la lumière et qui ne sont pas en paix. Il ne faut pas confondre avec les manifestations que nous provoquons, après quelques jours ou semaines de notre départ, celles-ci sont bonnes. Pour les âmes perturbées, il suffit de prier, en leur demandant de suivre la lumière, leur dire que vous les aimez et qu'elles vont vers un endroit merveilleux. C'est terrible de nous ignorer ou de nous dire de reposer en paix. Nous ne voulons pas reposer en paix, nous voulons que tout le monde sache que nous sommes vivants dans une autre dimension, mais vivants.

Que nous soyons en paix, c'est autre chose, de toute façon toutes les âmes finissent par accepter et suivent leur guide puis leur famille, sauf une minorité qui continuent à rôder près de la terre et qui se regroupent elles aussi par affinité.

» Pour le suicide, c'est différent, celui qui supprime la vie que Dieu a donnée souffre pour son geste, bien que là aussi il existe plusieurs sortes de suicides : le suicide pour maladie, et celui "volontaire". Ce qu'il faut savoir c'est que tous ceux qui arrivent ici voient défiler leur vie comme une vidéo et s'imposent une punition en fonction de ce qu'ils ont fait sur la terre. La plupart arrivent à un niveau moyen, mais les autres doivent payer pour le mal qu'ils ont fait. Il y a toujours un ou plusieurs guides pour nous aider à nous améliorer et à passer à un niveau supérieur. Ce que vous devez savoir c'est que nous sommes vivants et de ce fait nous voyons, nous entendons, et nous sentons tout ce que vous faites et dites. Nous sommes présents à tout moment. »

Jeudi 22 août 1996, San Salvador, El Salvador : *« Normalement, quand nous arrivons ici, nous retrouvons notre famille, mais si nous n'en avons pas, nous ne restons pas seuls, il y a toujours des âmes qui sont chargées de s'occuper des "esseulés", l'arrivée ici est émouvante car la plupart ne connaissent rien.*

Nous ne savons pas comment nous bouger ni comment utiliser nos pouvoirs, nous passons tous par des périodes d'apprentissage plus ou moins longues. De plus, on nous "soigne" physiquement et psychologiquement. Les personnes d'un certain âge se régénèrent. Personne ne reste avec une maladie, une blessure ou des problèmes mentaux. Tout doit se résoudre et s'arranger et pour cela il y a aussi des âmes qui aident, chacune a une mission spécifique. Tout cela dure environ deux mois. Nous pouvons aller d'un bout du monde à l'autre en une fraction de seconde, et nous pouvons être à plusieurs endroits en même temps. Nous avons et nous aurons toujours un guide pour nous aider. Nous communiquons par télépathie aussi bien entre nous qu'avec vous. On nous apprend à utiliser nos facultés dans les limites permises et on nous explique comment est la vie ici. Nous pouvons choisir avec qui nous voulons vivre. Ici le temps ne compte pas et nous apprenons ce que nous n'aurions jamais pu apprendre sur terre. Les "savants et les sages", après leur période de régénération, reprennent leurs études et c'est grâce à eux que les communications sont plus faciles qu'avant.

» Nous pourrons nous voir et nous parler très rapidement. Nous nous manifestons toujours d'une manière ou d'une autre auprès de nos familiers, pour

montrer que nous sommes présents et vivants, mais la plupart ne se rendent pas compte ou refusent de voir. Ils préfèrent penser qu'après la mort physique c'est le néant, car le fait de croire en notre existence implique un changement d'attitude dans la vie, dans les idées, et cela ennuie beaucoup de monde. Peu à peu, tout le monde aura connaissance de la vie après la vie, c'est notre propos et la mission principale que nous avons tous. »

Samedi 24 août 1996 : *« Vous devez savoir que nous sommes énergie et que lorsque vous nous sentez, c'est un peu comme si vous vous approchiez d'un champ magnétique. Il va se passer quelque chose sur la terre, mais je ne sais quand, ni comment. Ne paniquez pas, cela ne peut être que quelque chose de bien. La base de tout est la croyance en Dieu ou dans une force supérieure et dans la vie éternelle. Il faut bien répéter que le séjour sur terre pour chacun de vous est de courte durée par rapport à la vie éternelle. C'est un passage obligatoire pour continuer vers la vraie vie. La mort n'existe pas, c'est seulement un changement de vie. Nous ne sommes pas morts, nous sommes vivants et nous voulons que tout le monde le sache. Il est toujours temps de se souvenir d'un être cher disparu, il est toujours temps d'être un peu moins matérialiste et plus spirituel... »*

Jeudi 10 avril 1997 : « *Cela fait bien longtemps que nous n'écrivons pas, mais pourtant je suis et je serai toujours près de vous. Au début, nous ne pouvions écrire que quelques mots ou quelques phrases courtes, mais maintenant, nous pourrions écrire des pages et des pages dans le même laps de temps. La télépathie fonctionne mieux chaque jour. Au début, je vous ai dit quelque chose de très important pour tous. Une force supérieure nous guide tous, c'est ce que vous appelez Dieu, cela est le plus important. Mon départ de ce monde vous a rapprochés de Dieu. Chacun de nous possède Dieu, quelle que soit la religion qu'il a ou qu'il a choisie et chacun Le trouve s'il agit avec foi et amour. L'au-delà n'appartient pas plus à une religion qu'à une autre, mais à tous ceux qui croient en Dieu. On ne peut pas laisser de côté un être parce que sa foi est différente, surtout quand le but final est identique, atteindre la perfection dans l'amour de Dieu. Combien d'âmes resteraient dans l'obscurité s'il n'existait qu'une seule religion ? Les contacts avec l'au-delà ne sont pas non plus le privilège d'une religion. Ici, nous sommes tous ensemble et cela ne paraît pas curieux que chacun prie à sa façon. La prière est très importante pour nous et sans aucune considération de l'origine religieuse, c'est la prière en soi qui nous aide à nous élever, et plus que les prières toutes faites, écrites, ce sont celles qui sortent du plus profond de votre cœur, sans préparation, qui nous font le plus de bien. Il faut laisser vos cœurs parler plus souvent. Ces prières sont tellement efficaces. N'oubliez pas de prier aussi pour ceux qui sont dans l'obscurité, ils en ont bien besoin...* »

Le contact par écriture devient de plus en plus difficile mais Maryvonne obtient plus facilement des contacts par télépathie. Le 12 avril 1997, alors que nous mettions des fleurs au pied de l'arbre, à l'endroit de l'accident, comme chaque samedi, Karine dit à Maryvonne que ce lieu est très important pour elle parce que c'est là qu'elle a atteint la vraie vie. Elle lui dit aussi que le 2 décembre est sa nouvelle date de naissance et que lorsque nous pourrons fêter ce jour dans la joie, c'est que nous serons sur le chemin de la spiritualité.

La TCI

Friedrich Jürgenson et Constantin Raudive sont considérés comme les pionniers des enregistrements de voix en provenance de l'au-delà. Contraint de fuir la Lettonie, en 1944, lorsque les Russes l'envahissent, Raudive vivra en Allemagne jusqu'à son décès, en 1974, et consacrera dix années de sa vie, à temps complet, à l'étude des phénomènes de voix paranormales. Depuis sa « mort », il répond sur de nombreuses bandes magnétiques aux questions qu'on lui pose. Dans la lignée de ces précurseurs, Maryvonne essaye de communiquer avec Karine à l'aide d'un magnétophone, d'un micro omnidirectionnel et d'un amplificateur. Elle utilise la méthode décrite par Sarah W. Estep dans son livre déjà cité *Communication avec les morts.*

Il existe trois facteurs déterminants pour obtenir des résultats positifs qu'il importe de prendre en compte dans cet ordre :

La foi et l'amour.

La disponibilité..., être très patient et persévérant.

La technique.

Le 6 avril 1996, la chatte de Karine miaule au moment où Maryvonne réussit un contact. En direct, et immédiatement après le miaulement, on entend : « *Magna* », le nom de cette chatte. Le 13 avril, à la question : « Karine, peux-tu me dire s'il y a des animaux avec vous, dans l'autre monde ? », on entend un galop de cheval, des oiseaux et un aboiement. Le 13 mai, nous captons *une respiration*, puis « *Karine* ».

En juillet 1996, nous recevons une cassette d'Infinitude sur laquelle Monique et Jacques Blanc-Garin ont regroupé plusieurs contacts avec Karine :

Q : Est-ce que le temps ne vous a pas paru trop long depuis votre départ ?

R : « *Je n'démarre pas mal.* »

Q : ... Ce contact demandé par votre papa...

R : « *Mon père est admirable.* »

Q : Pourriez-vous nous donner un signe de reconnaissance ?

R : « *Ma petite biche.* » (Maryvonne appelle ainsi Karine dans l'intimité, ce qu'ignoraient Monique et Jacques Blanc-Garin que nous ne connaissions pas à cette époque.)

Q : À bientôt, Karine.

R : « *Maman, au revoir. Faut pas trop pleurer...* »

Merci d'avoir répondu positivement à ce contact, destiné à vos parents...

R : « *Karine, car nous vivons, on est libres, on est très bien.* »

Nous avions aussi écrit à Yves Lines, de l'association Alpha-Oméga. En octobre 1996, nous recevons la cassette qu'il a enregistrée, jour après jour, avec Karine. Parfois Karine s'exprime directement, d'autres fois ses guides ou des entités servent de relais. Yves Lines utilise une technique différente, mais obtient, comme Monique et Jacques Blanc-Garin, de très bons résultats.

Voici quelques réponses, parmi les plus intéressantes :

Q : Est-ce que Karine est là ?

R : « *Je l'attends* » (relais).

Même question un autre jour.

R : « *Et j't'attends.* » (Ici, nous parvenons même à reconnaître la voix de Karine et l'une de ses expressions.)

R : « *C'est leur chérie* » (relais).

R : « *Je suis venue* » (avec sa voix).

R : « *Mon papa...* »

À une question qu'il lui posait afin de savoir si elle venait nous voir, Karine répond presque avec ironie : « *Et quand je peux !* »

Q : Karine, s'il te plaît, dis maman !

R : « *Et j'essaie* », puis immédiatement « *maman !* ». (Avec sa voix plus enfantine.)... « *Elle t'adorait !* » (relais).

Q : Peux-tu donner un message pour tes parents ?

R : « *Elle est avec vous* » (relais).

Q : Karine, dis-leur combien tu es vivante.

R : « *Oh oui, elle vit !* » (relais).

« *Bonsoir, maman.* » Ce message, que nous captons le 16 octobre 1996, est exceptionnellement clair. Nous n'avons peut-être pas su l'apprécier à sa juste valeur car, un jour, nous avons fait une fausse manœuvre et le message s'est effacé.

18 janvier 1997 : « *J' parle.* »
20 janvier 1997 : « *Elle vous entend* » (relais).
23 février 1997 :
Q : Karine, est-ce que tu es ici ?
R : « *Aux pieds.* »

Le 9 avril 1997, Yvon rentre du travail sans savoir que Maryvonne enregistrait. Au moment où il referme la porte, on entend sur la bande :
« *V'là papa.* »

Pendant des essais que nous effectuons au Brésil, le magnétophone reste branché. Nous cherchons une cassette dans le bureau et nous enregistrons en espagnol : « *Es que aquí no hay nada.* » (« Mais ici il n'y a rien. »)

Lors d'un séjour à Paris, Maryvonne essaye un nouveau mini-magnétophone qu'on lui a recommandé. Nous sommes avec Huguette et son mari.

Notre conversation s'enregistre pendant environ un quart d'heure, et ensuite, lorsque nous écoutons la bande, nous avons la surprise d'entendre la voix du père d'Yvon qui répond à une conversation que nous avons eue la veille, et où il était question d'argent et de la vente d'un appartement.

« *Ah, ces sous.* »

« *Courage, il va payer.* » (Quelque temps après, l'appartement était payé.)

« *Taisez-vous.* » (Phrase habituelle du père d'Yvon lorsque nous étions réunis et qu'il voulait écouter les informations, prononcée avec l'accent typique pied-noir.)

Chaque réponse a sa raison d'être, elle prouve que nos êtres chers sont auprès de nous, que la notion du temps n'existe pas pour eux, et que nous n'avons pas forcément besoin de les interroger pour qu'ils répondent...

Lors d'un voyage au Salvador, un jeune journaliste assiste à un contact que nous faisons donc exceptionnellement en espagnol.

Q : Aidez-nous à obtenir des réponses pour que l'article soit convaincant.

R : « *Ça va tout gâcher.* » (En français.)

Du journaliste à Karine : Aide-moi, en me faisant un signe, en me disant un mot.

« *C'est moi.* » En français et avec sa voix. Et à une question mentale de ce jeune journaliste qui disait à Karine vouloir la rejoindre parce qu'il la pensait heureuse et que lui avait de graves problèmes à affronter dans la vie : « *Debes luchar.* » (« Tu dois lutter. »)

Les nombreux déplacements professionnels que nous effectuons, l'animation de notre association KARINE TCI, les conférences et les congrès que nous organisons ne nous laissent que peu de loisirs, mais, en moyenne, nous établissons des contacts avec Karine une fois toutes les deux semaines. Voici quelques exemples de réponses obtenues jusqu'en juin 2000.

Q : Crois-tu pouvoir te manifester un jour sur notre ordinateur ?

R : « *Sans problème. Ah ! c'est sûr !* »

Q : C'est l'ouverture de la session.

R : « *Attends, moi aussi je veux parler !* »

Q : Karine, quel est le meilleur endroit pour enregistrer ?

R : « *Nous cherchons.* »

Q : Karine, peux-tu nous donner un message ?

R : « *Ah ! j'peux pas.* »

Q : Karine, c'est une date anniversaire de ton départ.

R : « *C'est pas grave, je l'sais. Ça va pas trop mal.* »

Q : Karine, nous partons bientôt pour la France...

R : « *Tu m'l'as déjà dit...* »

Q : Karine, peux-tu me dire qui est au téléphone ?

R : « *En bas, c'est une erreur.* »

(En effet, Yvon venait de prendre au rez-de-chaussée un appel qui ne lui était pas destiné.)

Q : Karine, es-tu pour quelque chose dans la disparition du pull de Graciela ?

R : (Éclat de rire). « *Eh oui, c'est moi !* »

Q : Demain, nous allons à la synagogue. Viendras-tu ?

R : « *J'y serai.* »

Q : Nous vous laissons 30"... (Session de groupe.)

R : « *C'est pas assez.* »

Q : L'organisation du congrès est difficile. Je ne vois pas le bout du tunnel...

R : « *Moi, si, je vois le tunnel...* »

Q : Karine, un message particulier ?

R : « *Je m'approche tout le temps de toi.* »

Q : Dans quelques jours ce sera le congrès. Seras-tu avec nous ?

R : (D'un inconnu.) « *Moi aussi, je serai avec Karine...* »

Q : Karine, est-ce qu'Albin Michel va publier notre livre ?

R : « *J'aimerais bien. J'aimerais bien. Ça pourrait être original.* »

Q : Karine, peux-tu nous confirmer que tu vas bien ?

R : « *J'ai changé.* »

Q : Que m'arrive-t-il ? Je ressens plein de choses (Maryvonne).

R : (Inconnu.) « *Un miracle pour vous, jolie madame. Ne le gardez surtout pas.* »

Q : Karine, je viens de fêter mon anniversaire...

R : « *Cinquante ans... Tu t'y feras...* »

Nombreux sont ceux qui se demandent s'il existe un risque à pratiquer la TCI. Il est certain qu'il peut y avoir des inconvénients, de même qu'avec n'importe quel autre moyen de communication avec l'au-delà. On ne laisse pas une porte ouverte chez soi sans prendre de risques. Il existe un bas-astral, c'est-à-dire le niveau qui suit immédiatement la terre et qui est « habité » par des âmes perturbées. Elles peuvent faire des « plaisanteries », c'est le moins qu'on puisse dire. Mais quand la communication s'effectue avec foi, avec amour, nous bénéficions de la protection des niveaux supérieurs. Nos chers disparus veulent que nous sachions qu'ils sont vivants, sinon nous n'aurions pas de canal ouvert avec eux et nous ne recevrions pas de messages d'amour, comme c'est toujours le cas. En agissant de cette manière, il n'y a que ces messages qui passent et, pour notre part, nous n'avons jamais rencontré de problème quelconque. Nous le répétons : il faut pratiquer avec discernement et s'arrêter au moindre doute. La meilleure formule pour éloigner et éviter les interventions d'âmes indésirables reste la prière.

Il est indispensable, pour transcommuniquer dans les conditions dont nous avons parlé, de posséder un solide équilibre mental et des pensées positives qui génèrent beaucoup d'amour. Car, même avec notre expérience acquise, il arrive des moments où l'on doute de soi, plus encore que de la réalité des phénomènes constatés.

Curieusement, l'un des messages qui nous a posé le plus de problèmes concerne un animal. Tuly, scottish-terrier mâle, était le chien de Karine, le compagnon de sa chatte Magna.

Tuly est parti le 11 janvier 2001, à 11 heures. Il avait 11 ans. Il allait très bien.

La veille seulement, il avait montré des signes inquiétants de fatigue.

Les radios et analyses avaient détecté un problème cardiaque grave, des tumeurs, les reins bloqués et de l'eau dans les poumons. Le vétérinaire ne nous laissait aucun espoir.

Une semaine avant ces faits, Maryvonne, sans en comprendre la signification, avait reçu mentalement ce message de Karine : « *Je ne veux pas que Tuly souffre.* »

Nous prenons donc la décision de le faire endormir.

Maryvonne choisit d'accompagner Tuly, quoi qu'il lui en coûte : notre fille a toujours été auprès de ses animaux jusqu'au dernier moment. Cependant, elle supplie mentalement Karine d'intervenir pour éviter l'euthanasie.

Quelques minutes avant 11 heures, nous arrivons chez le vétérinaire. Celui-ci nous fait entrer dans son bureau et nous demande de confirmer notre accord pour « piquer » Tuly. Ce que nous faisons. Alors nous retournons dans la salle d'opération, et là, nous constatons que Tuly est déjà mort.

Depuis cette date, des manifestations diverses et insolites se sont produites.

Le 27 janvier, au cours d'une session TCI et en présence de quatre autres personnes, nous contactons Karine au sujet de la transition de Tuly. Nous entendons sur la bande trois aboiements.

Le 14 février, lors d'une nouvelle session TCI, Maryvonne s'adresse directement à Tuly. La réponse est : « *Moi, j'comprends tout.* » Il s'agit d'une voix très grave, bien audible, dans le style de celles que les animaux ont dans les dessins animés.

Nous pensons vraiment être devenus fous... Pourtant, dans un des contacts TCI réalisés avec Karine quelques mois après son départ, nous lui avions demandé s'il y avait des animaux avec elle et, sur la bande, nous avions entendu un galop de cheval, des miaulements, des cris d'oiseaux et aboiements, mais nous n'avions jamais imaginé qu'un animal s'adresserait à nous dans notre langage.

Immédiatement, nous questionnons nos amis Maggy et Jules du Luxembourg. Ceux-ci ont vécu une expérience similaire avec leur chien Sammy en 1998. Une entité supérieure leur a indiqué qu'il y a une dimension vibratoire habitée par des animaux capables de comprendre le langage humain et de nous faire parvenir leurs pensées à l'aide de la TCI.

Monique Simonet et Jacques Blanc-Garin nous confirment avoir reçu eux-mêmes des aboiements et des miaulements, phénomènes déjà relatés dans des ouvrages sur les animaux écrits par Ernest Bozzano et Jean Prieur notamment.

Dans les *Cahiers de la TCI* (*ITC Journal*, n° 5, mars 2001), la directrice de cette revue, Anabela Cardoso, rapporte notre expérience à ce sujet. De plus, elle témoigne personellement des messages qu'elle obtient de sa chienne Nisha, depuis l'au-delà, qui, entre autres, lui dit : « *Alors, on ne va pas sortir, maintenant ?* » Une phrase qui plaisait beaucoup à Nisha de son « vivant ».

Tout cela nous rassure sur notre santé mentale...

Ceux qui refusent aux animaux le droit d'avoir une âme pourront toujours conclure qu'il existe dans l'au-delà, pour leur permettre de se faire entendre, des traducteurs simultanés...

Le recours au médium

Profitant d'un voyage à Paris, nous avons voulu obtenir confirmation, par l'intermédiaire d'un médium, de ce que Karine nous avait dit par TCI ou écriture automatique. Sachant que, dans ce domaine aussi, on trouve de tout, nous avons suivi les conseils d'une revue spécialisée et avons rendu visite à un jeune médium de trente-cinq ans, possédant les meilleures références, Henri Vignaud. Le jeudi 27 mars 1997, nous nous présentons chez lui. La seule chose qu'il sache c'est que nous venons du Mexique et que nous voulons communiquer avec notre fille. Il ne pose aucune question et nous demande seulement une photo de Karine, sans même connaître son prénom. Il se concentre et, selon ce que nous comprenons, entre en contact avec son guide qui, à son tour, le dirige vers Karine. La consultation dure une heure et demie. Chaque fois qu'il reçoit un message, il nous le transmet spontanément et brièvement. Ce jour-là, nous avons obtenu à peu près soixante-dix messages qu'Yvon inscrivait au fur et à mesure. Sur le moment, nous n'en comprenions pas toujours le sens et c'est seulement avec le temps que nous avons pu en vérifier la véracité. Nous les avons classés, mais ils nous arrivaient pêle-mêle au moment du contact. Cinq décrivent l'accident, une vingtaine ont un rapport avec Karine, une vingtaine nous étaient destinés. Le médium disait : « Elle a une grande vivacité d'esprit... Elle est très curieuse... Elle possède une très bonne analyse psychologique des choses... Si elle n'avait pas été tuée, elle serait paralysée... Elle sera avec nous le 19... (le 19 avril est effectivement le jour de son anniversaire). Yvon reçoit de nombreux messages d'elle par transmission de pensée, mais il ne les entend pas toujours... Elle aide les enfants dans son monde, comme elle aurait aimé le faire ici (elle précise que c'est important pour elle)... Elle montre des livres (elle aurait aimé poursuivre ses études où elle étudie maintenant)... Elle montre le chiffre 18 et précise que c'est important pour elle (le 18 décembre 1989 est la date de sa conversion au judaïsme)... Elle n'a eu aucun problème pour laisser son corps physique (elle a compris tout de suite ce qui s'était passé)... Elle a besoin d'espace, elle est toujours en mouvement, elle adore danser... Elle est très sensible à l'esthétique, à l'art... Elle dit qu'elle est partie vers vingt ans... Elle montre son nom *Karine...* »

Quelques jours auparavant, le mercredi 18 mars, alors que nous sommes logés près de la place d'Italie, nous apprenons la réouverture du centre Gabriel-Delanne, à deux pas de chez nous, avec différentes activités, notamment des sessions de groupe avec un médium. Maryvonne décide de s'y rendre. Une dame arrive peu après et interroge les personnes qui attendent le début de la conférence : « Quelqu'un ici connaît-il une jeune fille Catherine ou Karine ? » Personne ne répondant, Maryvonne indique que Karine est le prénom de sa fille. La dame dit alors : « Écoutez, madame, depuis que je suis sortie du métro, votre fille est derrière moi et me dit : *"S'il te plaît, occupe-toi bien de mes parents car ils viennent de très loin."* » Cette inconnue, en effet, est Anne, la médium qui doit animer la séance. Elle ajoute :

« Je me sens obligée de commencer avec vous et votre fille... »

De la même façon qu'Henri Vignaud, elle nous donne de nombreux éléments, tous réels et confirmés, notamment : en décembre, il y avait beaucoup de monde autour d'elle (entre le 2 et le 3 décembre, des centaines de personnes sont venues lui rendre un dernier hommage au cimetière) ; elle est venue se poser sur mon doigt, par l'intermédiaire d'un papillon.

À un moment, Anne interrompt les messages de la personne suivante. Elle paraît troublée et dit : « Je ne sais pas de qui vient le message ni pour qui il est, mais on me montre une opération du cœur, avec beaucoup de sang, une opération très importante. Quelqu'un a-t-il des problèmes cardiaques ou doit-il se faire opérer ? » Tout le monde se regarde, mais personne ne semble concerné. Anne ne comprend pas ce qui s'est passé. Yvon, sportif, plein d'énergie et en bonne forme, a remarqué dans la salle de nombreuses personnes âgées et, bien entendu, n'a pas pensé une seule seconde que le message pouvait lui être adressé. Or, huit mois plus tard, le 19 novembre 1997, lors d'un contrôle de routine, les médecins découvrent que les principales artères qui irriguent son cœur sont bouchées. Il n'a jamais eu le moindre malaise, un peu d'essoufflement en courant, mais rien qui permettait de penser à un état si grave. Le 20 novembre il est opéré à cœur ouvert. Pour notre part nous n'avons plus de doutes, nous savons à qui était destiné le message capté par Anne.

La médiatisation

À la suite de notre découverte de la survie grâce à la TCI, notre désir le plus cher a été de transmettre cette nouvelle extraordinaire. Nous donnons donc une première conférence à l'Alliance franco-mexicaine de Tolúca le 28 novembre 1996. Dès le début, nous déclarons aux deux cents personnes présentes que nous ne sommes pas des spécialistes, que nous allons simplement témoigner de notre vécu et de ce que nous avons découvert. Par la suite nous avons acquis davantage de connaissances, par la lecture de quelque trois cents livres sur ce thème, de revues spécialisées et notre participation à des congrès.

La transcommunication instrumentale évolue de façon spectaculaire, dans le monde entier. Comme il n'existait aucune association au Mexique, nous nous lançons.

C'est le 3 septembre 1995 qu'a été créée à Darlington Hall, en Angleterre, la première association mondiale de TCI : « International Network for Instrumental Transcommunication » (INIT). Parmi les fondateurs se trouvent Maggy et Jules Harsch-Fischbach, Sonia Rinaldi, Friedrich Malkhoff, Ralf Determeyer, Adrian Klein, Mark Macy, Sarah W. Estep, Gunter Emde, Theo Locher, Claudius Kern, pour n'en citer que quelques-uns, auxquels se sont jointes d'autres personnalités comme Monique Simonet, Paola Giovetti et des dizaines d'autres responsables d'associations et transcommunicateurs. Le 2 avril 1996, une entité appelée le « Technicien » communique à l'INIT que les hautes sphères ont décidé d'appeler « Projet Sothis » les communications qu'ils auront avec eux. « Sothis » est un nom d'origine égyptienne qui signifie « divinité ».

Nous décidons d'organiser au Mexique un congrès avec des spécialistes mondiaux. Nous cherchons une institution pour nous aider. Il ne fait aucun doute que Karine nous a guidés vers Irma Leticia Cárdenas de Garduño, présidente du DIF Tolúca, un organisme qui s'occupe des familles les plus défavorisées et des handicapés. Elle est l'épouse du maire de Tolúca. Le congrès a lieu dans le très beau théâtre Morelos qui a une capacité de deux mille places. Nous avons fixé la « barre haute », au même niveau que des pays comme l'Allemagne et l'Italie qui ont déjà des centaines de transcommunicateurs et qui ont organisé d'autres congrès de ce genre, mais notre motivation est forte et nous avons confiance. Nous savons que nous aurons des difficultés à vaincre, des préjugés, nous y sommes déterminés.

Le 10 juillet 1997, nous partons en déplacement professionnel pour quatre semaines au Pérou, en Argentine et au Chili. Maggy Harsch-Fischbach nous fait parvenir en Argentine, via Mexico, la copie d'un fax qu'elle adresse à tous les membres de l'INIT dans le monde. En effet, le CETL (Centre d'Études de Transcommunications du Luxembourg) a reçu sur son ordinateur une trans-image et un message de Karine ! Sur la trans-image, Karine apparaît de profil à côté du palais de Lindemann. C'est une trans-image très ressemblante à sa photo avec la chatte sur le dos. Nous pouvons aussi apercevoir, assez nettement, deux chats qui ressemblent aux nôtres, Magna et Nova, ainsi que notre chien Tuly. Le texte sous la trans-image est en espagnol et dit : *« Karine*

Dray. Groupe rabbin Israël Meir Kagan, devant le palais de Lindemann. »

Jules Harsch effectue des recherches et nous apprend que le rabbin Israël Meir Kagan, plus connu sous le nom de Schofetz Chaïm, est un érudit juif né en 1836 et décédé en 1933 à l'âge de quatre-vingt-dix-sept ans.

Maggy et Jules Harsch-Fischbach, que nous ne connaissions pas à l'époque, ont obtenu le prix de la Fondation suisse de parapsychologie de l'université de Berne. Ils reçoivent des messages d'autres dimensions par téléphone, fax et ordinateurs. Ils ne se sont pas initiés à la TCI à la suite de la perte d'un être cher, mais par désir de trouver un sens à la vie terrestre. Pour obtenir des messages, ils possèdent un ordinateur qui n'est pas connecté à l'Internet ou à un modem. Ils retrouvent pourtant l'appareil allumé à leur retour du travail et, sur l'écran, apparaît un message ou une photographie, ou les deux. Ils ont observé que les entités non terrestres peuvent utiliser des photos qui ont été prises durant leur vie terrestre pour projeter une image spéciale. Ils maintiennent la communication avec un centre de l'au-delà appelé « Fleuve du temps », et aussi avec un groupe de sept entités supérieures intégrées : « Les

Sept de l'arc-en-ciel. » Le « Technicien », qui a été leur premier contact du groupe des Sept, leur a fait savoir qu'ils avaient besoin d'énormément d'énergie pour ces communications à cause des différences de fréquences vibratoires, en plus d'un certain entraînement pour transformer leur pensée en voix audible en utilisant les équipements électroniques.

En mars 1996, quand nous avions appris l'existence du CETL, que dirigent Maggy et Jules, nous leur avions envoyé une lettre et une photo de Karine, comme nous l'avons fait pour plusieurs associations de TCI afin d'obtenir un contact avec notre fille. Mais ils ne répondent pas aux lettres. Ils conservent les photos dans une boîte en carton, jusqu'à ce que quelque chose se passe ! Ce qui est très rare, selon ce qu'ils nous ont dit par la suite. Ils sont en contact avec des entités spirituelles de niveaux supérieurs, comme c'est le cas de Swejen Salter. C'est elle qui a confirmé le message de Karine, en rajoutant un texte bref en allemand et en anglais. De plus, Swejen Salter précise que Karine travaille avec une autre entité, Anne de Guigné. Nous savons qu'Anne de Guigné est chargée d'une organisation qui reçoit les trente-cinq mille ou quarante mille âmes d'enfants qui rejoignent l'au-delà chaque jour.

Cette trans-image de Karine n'est pas un cas isolé, même si, pour nous, elle constitue un privilège que nous n'espérions pas. Notre amie Aline Piget, la première Française à avoir reçu un message téléphonique de Constantin Raudive, a reçu une trans-image de son fils Alexandre dans des conditions similaires. Pendant le congrès TCI, Maggy et Jules Harsch-Fischbach nous ont remis une copie de la trans-image reçue et, s'il nous avait fallu un élément de preuve supplémentaire, nous le tenions entre nos mains : sur leur copie, ne figurent pas les deux chats et le chien, présents sur la nôtre. Ceux-ci ont donc été « révélés » pendant la transmission à Mexico.

Comment expliquer ces phénomènes paranormaux ? Nous ne pouvons que les constater.

L'Américain Mark Macy, président de l'association « Continuing Life Research », expert en informatique et chercheur remarquable en TCI, a expliqué aux congressistes qu'il est difficile de capter le vrai sens de ce travail sans avoir une connaissance de base de notre propre nature spirituelle. Il nous décrit comme des êtres multidimensionnels vivant dans un monde multidimensionnel. Chaque cellule, chaque atome de l'être humain compte sur son propre rythme, sa propre vibration. Le corps physique est une carapace provisoire d'une substance dense et il est uni à deux autres corps, le corps éthérique et le corps astral mental. De la même manière, notre monde est uni à d'autres mondes. Tous sont unis mais distincts par les différents niveaux vibratoires. Nos cinq sens physiques ne peuvent distinguer que notre monde physique. Le corps éthérique ressemble beaucoup à notre corps actuel et, lorsque nous abandonnons notre corps physique, nous ne gardons pas longtemps le corps éthérique. Parfois quelques heures, tout au plus quelques jours. Nous retrouvons alors notre corps astral mental dans lequel se trouve l'âme. C'est notre corps réel, celui qui nous donne la paix. Nous avons choisi notre corps physique comme le véhicule nécessaire pour traverser notre vie terrestre.

Le Dr Amara explique, lui, que de la même manière que le papillon sort de la larve, l'âme sort du corps, ce qui explique que « psyché » veuille dire aussi bien âme que papillon. Quand la larve, qui est notre corps physique, se désintègre, elle donne naissance au papillon. Mark Macy a essayé de nous faire comprendre que ce n'est pas du corps dont l'âme se détache, mais que l'âme est le centre, et que d'elle se détachent les différents corps. Pour Mark Macy, la clé pour obtenir un bon contact TCI est de se fixer un but, ce but... On soulève le voile et on découvre une autre dimension, ce qui fait comprendre une autre réalité. Nous concentrer vers ce but est le plus important que nous puissions faire de ce côté du voile pour que la TCI soit un succès. Quand une conscience se développe entre deux êtres, qu'ils soient des animaux, des humains ou des êtres spirituels, il se crée un champ énergétique. Quand nous pensons à un nouvel ami, nous développons un champ de contact avec cette personne. Il se passe strictement la même chose lorsque nous pensons à quelqu'un qui est parti de notre monde. Nous créons un champ de contact avec l'esprit de cette personne. Pour la TCI, il est très important d'établir un champ de contact très fort avec des structures supérieures et nos amis spirituels, en partageant un sentiment d'amour et de dévouement mutuel vers un projet commun. Les appels téléphoniques reçus par certains transcommunicateurs, ces dernières années, en sont le résultat. Ce champ s'amplifie et se fortifie à mesure que le nombre des personnes qui s'unissent et unissent leurs sentiments grandit.

Le mystère scientifique demeure, du pourquoi l'âme – ou la conscience – peut se détacher des structures biologiques comme le cerveau, du comment les animaux dits inférieurs ont pu se transformer à un moment donné en structures plus complexes pour arriver à l'*Homo sapiens*. D'où vient tout cela ? Qu'est-ce qui permet de différencier le cerveau et ce qui le fait fonctionner ?

En 1988, Sonia Rinaldi, présidente de Associação Nacional de Transcomunicadores (ANT), et trois autres chercheurs ont commencé leurs investigations dans le domaine de la TCI. Au début, ils recevaient des messages par l'intermédiaire du groupe « Fleuve du temps » qui travaille avec le Luxembourg. Puis, un jour, Sonia a reçu un appel téléphonique du Dr Constantin Raudive qui l'informait que le Brésil allait avoir sa propre station, et qu'elle s'appellerait « groupe Landell ». À partir de ce moment, tous les messages importants venant de l'au-delà ont été reçus directement au Brésil par Sonia par l'intermédiaire de cette station. En effet, jusqu'à ce jour, les messages en question n'avaient pu être captés que par des personnes sensitives, des médiums ou des voyants qui, malheureusement, n'avaient à offrir comme preuves que leurs seuls témoignages personnels, bien évidemment contestés par les scientifiques. Aujourd'hui, la TCI apporte donc des preuves concrètes, qui peuvent être reproduites, dupliquées, et qui ne sont plus issues de la seule expérience individuelle sans témoins.

Devant le succès du congrès, et à la demande des participants, nous avons créé, le 21 novembre 1997, une association nationale de TCI : « Karine Asociación mexicana de transcomunicación instrumental AC »..., abrégée en KARINE AMTI AC.

Une nuit, après le congrès, Maggy et Jules Harsch-Fischbach ont trouvé un message sur leur ordinateur de poche éteint, ainsi que de nombreux signes de reconnaissance de celles qui l'avaient signé :

« NE NOUS PLEUREZ PLUS
CAR NOUS SOMMES DANS LA LUMIÈRE.
NOUS POUVONS TOUCHER LES COULEURS
ET VOLTIGER SUR LA MUSIQUE.
L'AMOUR ET LA BEAUTÉ

NE SONT QU'UN ICI.
NOUS SOMMES AUPRÈS DE VOUS
POUR LE RESTE DE VOS JOURS. »

KARINE ET PAULINA
28-10-97
01-43
GROUPE KAGAN

De retour au Luxembourg, et à notre demande, Maggy et Jules Harsch-Fischbach ont vérifié par TCI auprès de Swejen Salter pourquoi ce message était signé Karine et Paulina (Paulina étant la fille des artistes qui avaient confié sa photo à Maggy). La réponse, pour nous tous, fut beaucoup plus belle que nous ne pouvions l'imaginer. Ce texte était en réalité écrit par tous les enfants disparus et adressé à leurs parents présents au congrès. Il avait été signé, de manière symbolique, par Karine et Paulina. Notre fille avait déjà précisé qu'elle appartenait au groupe Kagan, dans la trans-image reçue en juillet 1997 au CETL. Nous avions appris aussi, par la suite, que ce groupe était formé par des jeunes ayant les mêmes affinités. Il faut bien accepter que nos capacités humaines restent très limitées et qu'il nous faudra encore beaucoup de temps, de patience et de connaissances avant de pouvoir comprendre et interpréter les messages que nous envoient nos êtres chers. Et surtout, pour la majorité d'entre nous, avant de pouvoir admettre la continuité de notre existence. Le groupe Kagan doit avoir une amplitude incroyable, que nous ne pouvons imaginer sur terre, et, conjointement avec d'autres groupes qui ont le même centre d'intérêt, ils évoluent vers la vie éternelle.

La clôture du congrès s'est réalisée dans la plus pure tradition mexicaine : buffet typique et mariachis à l'hôtel Quinta del Rey qui a généreusement offert aux intervenants l'hébergement pendant tout leur séjour au Mexique. Une mention d'honneur à nos amis Ruben et Norma Martínez, les propriétaires de ce superbe hôtel cinq étoiles à Tolúca.

En effet, l'économie faite sur l'hébergement a permis d'obtenir de plus importants bénéfices, immédiatement utilisés pour la réalisation de projets en faveur des enfants handicapés pris en charge par l'institution DIF Tolúca, présidée par Leticia Cárdenas de Garduño, et dirigée par Susana Guadarrama et son responsable administratif Roberto Martínez. Ils ont apporté leur aide précieuse à l'organisation de cette manifestation.

Un détail à signaler, et qui a surpris favorablement nos amis mexicains : non seulement nos intervenants étaient bénévoles, mais ils ont eu la générosité de coopérer financièrement dans la réalisation des projets en faveur de nos enfants handicapés. Nous nous devions de le signaler. Merci à eux, et à tous ceux qui ont permis la concrétisation de cette rencontre.

Aujourd'hui, dans le cadre de notre association KARINE AMTI, des milliers de familles communiquent avec leurs êtres chers au Mexique, et une centaine de familles en Argentine et au Chili, pays où nous avons eu l'opportunité d'intervenir aussi. Nous comptons quelques adhérents en Colombie, au Salvador, aux États-Unis et même en Suisse et en France, mais de manière symbolique. On peut dire qu'à présent, au Mexique et en Amérique latine, chacun a entendu parler de la Transcommunication Instrumentale. Beaucoup y ont trouvé un réconfort et un espoir. Ils savent que leurs êtres chers sont bien vivants, sur un autre plan d'existence, et dans l'amour de Dieu.

Nous parlons toujours du réconfort et de l'espérance que ces contacts apportent, mais n'oublions pas que nos invisibles doivent aussi apprécier la communication avec nous car ce sont eux qui sont à l'origine des contacts et qui veulent maintenir cette relation.

Si les médias, en Europe, n'ont pas encore accordé suffisamment d'importance à la TCI, nous pouvons témoigner qu'au Mexique et en Amérique latine nous nous trouvons dans une situation inverse. Nous avons participé à de très nombreux programmes de télévision et radio. Les journalistes sont respectueux et sensibilisés par ce phénomène, avec la volonté d'informer sérieusement et objectivement leur public. Jamais ils n'ont cherché à nous mettre en difficulté par plaisir, ou à nous ridiculiser, même si, légitimement, ils nous ont toujours demandé des preuves et des références.

Dans plusieurs programmes de télévision ou de radio, les animateurs nous ont raconté qu'ils avaient eux-mêmes reçu des manifestations de leurs chers disparus. Une animatrice a même confessé, en direct, avoir reçu un message téléphonique de son père, en apportant les éléments de reconnaissance qui lui permettaient de l'affirmer. Sachant que nous traitons d'un thème délicat où le scepticisme est de rigueur, nous avons toujours essayé d'apporter un maximum de preuves, d'enregistrements de voix bien audibles, de références à des ouvrages scientifiques et sérieux et à des témoignages.

Le dimanche 9 avril 2000, à l'occasion du IIe Congrès consacré à la TCI organisé à Tolúca, nous signalons au public qu'un dossier, contenant les adresses de centaines de personnes ayant commandé et payé les vidéos, a disparu pendant l'heure du déjeuner. Nous supplions les participants de fouiller leurs affaires afin de nous aider à le retrouver. Ce dossier se trouvait, parmi d'autres, sur la table de réception, et la personne qui en avait la charge n'avait pas quitté son poste. Elle avait même pris des inscriptions pendant l'heure du repas. Sans réponse du public, nous avions même envisagé de fouiller les mille participants... Bien entendu, nous ne l'avons pas fait.

Le lundi matin, nous recevons un appel téléphonique de Guadalajara, ville située à six cents kilomètres de Tolúca. Il s'agit d'un adhérent, très ennuyé. Il a retrouvé le dossier entre les deux paquets de revues achetées le samedi. Juste sous ce dossier se trouve le premier numéro de la revue *La Mariposa* (« Le Papillon ») avec le portrait souriant de Karine... Il nous indique qu'il a fermé sa valise à clé le matin avant d'entrer au Congrès, et qu'il a profité de la pause de 11 heures, le dimanche, pour déposer sa valise à la consigne de la gare routière. Il est donc impossible qu'il ait pris le dossier, d'autant plus qu'il avait acheté les revues la veille.

Bouleversés par cet événement et fatigués par le Congrès, nous avons « craqué ». Cette petite n'en finit pas de nous faire des blagues...

Une semaine plus tard, le 19 avril, à 16 h 30, nous nous trouvons au pied de l'arbre où Karine a eu son accident. En général, chaque semaine, nous venons déposer un bouquet de fleurs et prier face au petit jardinet que nous lui avons fait faire, conformément aux traditions mexicaines. C'est le jour de son anniversaire.

En arrivant sur les lieux, nous observons qu'il y a des roses blanches, un peu fanées, dans le vase au pied de l'arbre. Depuis l'accident, des amis de Karine sont venus, à deux ou trois reprises, déposer des fleurs, mais seulement la première année. Pendant que nous prions, une voiture rouge s'arrête et une jeune fille en descend, des roses blanches à la main. Une fois la prière terminée, elle nous dit : « Je suis certainement folle, j'ai rêvé d'elle, elle m'a dit qu'elle était bien, qu'elle dansait et chantait. » Voici donc le merveilleux message d'anniversaire que nous recevons de Karine, qui nous confirme qu'elle est heureuse.

La jeune fille nous dit être domiciliée à Lerma, près d'ici, être née en 1974 et exercer la profession de juge. Nous l'avons chaleureusement remerciée, pensant que cette attention faisait suite au congrès de TCI qui venait d'avoir lieu, mais, à notre grande surprise, nous découvrons qu'elle ne sait rien de nous, ni de l'association ni du congrès. Elle nous avoue être passée devant le lieu de l'accident, dans un taxi, quelques jours avant. Le chauffeur ayant perdu le contrôle de son véhicule, ils étaient sur le point d'avoir le même accident que Karine. À ce moment, la jeune fille a vu le jardinet et la plaque de marbre à la mémoire de notre fille.

Dans les semaines qui ont suivi, nous avons revu cette jeune fille qui s'appelle Olga Lidia. Elle nous a confié qu'au moment où elle avait failli avoir l'accident, Karine lui était apparue en lui disant qu'elle ne voulait pas qu'elle ait le même accident qu'elle.

Olga Lidia ignore que Karine aime les roses

jaunes. Depuis notre rencontre, elle a fait la promesse de déposer, tous les quinze jours, des roses blanches au pied de l'arbre. Or, le 20 juillet 2001, elle se présente chez son fleuriste habituel pour prendre sa commande. Celui-ci lui remet un bouquet de roses... jaunes. Olga lui en fait la remarque, mais le fleuriste insiste et affirme que ce sont bien des roses jaunes qui lui ont été commandées. Sans commentaire... Dans l'au-delà, on sait ce que l'on veut, et nous avons la confirmation que nos êtres chers conservent leur caractère.

Le mercredi 13 juin 2001, après une matinée plutôt chargée, nous déjeunons à la maison, en compagnie d'un ami d'Alcatel et d'un couple d'avocats accompagné de leur fille. Nous sommes dans le jardin et il fait un temps superbe. Depuis la veille, un magnifique papillon jaune est posé sur l'un des murs. Comme cela est souvent le cas, le téléphone n'arrête pas de sonner : des personnes qui demandent des informations sur la TCI ou sur les réunions et conférences que nous organisons.

Il s'agit d'une journée un peu particulière et

nous souhaitons profiter d'un moment de détente. Le téléphone est insistant. Yvon tarde un peu à décrocher, ce qui laisse le temps au répondeur de se mettre en marche. C'est une journaliste russe qui travaille dans un grand quotidien, à Mexico. Elle a assisté à l'une de nos conférences en 1998 et, comme un couple de ses amis qui dirige un spectacle de cirque vient de « perdre » son enfant au cours d'un accident, elle demande s'il peut assister à notre prochaine réunion. Yvon lui donne les renseignements nécessaires mais, pressé de rejoindre nos invités, ajoute : « Je vous prie de m'excuser, il y a plus de quarante personnes à la maison. »

Le soir, sachant que cette conversation a été enregistrée et pour vérifier les coordonnées de la journaliste et effectuer son inscription, nous écoutons la bande. Dès le début de la conversation, on entend au loin : « *Papa* » et, après qu'Yvon a prononcé : « Il y a plus de quarante personnes à la maison », un éclat de rire. Nous en concluons qu'il ne faut pas mentir et que notre fille chérie y veille.

Pour la petite histoire, le 16 juin 2001, lors de la réunion TCI, le couple en question reçoit, en russe, la réponse de leur fille : « *Je suis vivante.* »

L'Église catholique face au phénomène

Le père François Brune est très apprécié au Mexique. Enquêteur exceptionnel sur le thème de la vie éternelle, il est connu pour sa gentillesse et sa compréhension comme El Padre Paco. Nous le rencontrons, de nouveau à Paris, le 31 mai 1998, et le père Brune nous indique qu'il a reçu des images vidéo de très bonne qualité de deux nouveaux centres en Espagne, et aussi d'une personne de la banlieue parisienne mais avec un système numérique. On travaille beaucoup à présent sur les photos développées aux infrarouges. Des visages apparaissent alors qu'il n'y avait rien au départ. Par exemple, on prend une photo au bord d'un lac et il n'y a personne, mais quand on développe la pellicule aux infrarouges il apparaît de manière très nette des personnages. Un Italien a obtenu quelque chose d'encore plus extraordinaire. Avec l'accord d'une personne qui allait

« mourir », il a pu voir et photographier le moment où le corps spirituel se détachait.

À l'accusation portée par certaines autorités religieuses selon laquelle les contacts par TCI seraient sataniques, François Brune répond par un grand éclat de rire. « J'ai eu cette réaction au Brésil, d'un jésuite, raconte-t-il. Ils avaient tenu à m'inviter à dîner chez eux pour essayer d'obtenir de moi que je n'aie pas l'air de contredire les déclarations d'un certain père Quevedo qui racontait partout que toute communication avec l'au-delà ne pouvait qu'être l'œuvre de Satan ou des forces du mal. J'ai bien été obligé de le contredire, je n'ai pas pu faire autrement ! Il y a également, en Italie, un exorciste célèbre qui voit dans toute communication avec l'au-delà ou bien l'illusion ou quasiment la folie, le déséquilibre mental de ceux qui y croient ou alors vraiment l'œuvre satanique. Dans la mesure où il s'agit d'un blocage absolu, je ne vois pas comment aider ces gens à changer d'opinion. Mais je connais un certain nombre de prêtres qui ne sont pas du tout d'accord. Je sais par le père Andreas Rech, qui dirige un institut de parapsychologie, qu'un certain nombre de cardinaux lui demandent de temps en temps un petit enregistrement pour quelqu'un de leur famille.

» En Espagne, des jésuites m'ont invité à faire des conférences publiques dans des théâtres archicombles. Eux-mêmes réalisent des enregistrements et les diffusent. On juge l'arbre à ses fruits. Et, dans ce cas, ils sont abondants et magnifiques. »

Le père Brune poursuit : « Nous participons à l'amour que Dieu a pour nos frères, et il est donc tout à fait normal que Dieu continue à aimer nos morts puisqu'ils sont vivants dans l'au-delà, et il est normal que l'amour de Dieu passe à travers notre propre amour pour eux. C'est vrai qu'en communiquant avec eux on peut les déranger, si on a avec eux une relation captative à nouveau, si vraiment on essaie de les éprouver contre son corps ou les reprendre dans ses bras, les ramener continuellement par des souvenirs à la vie terrestre, on peut alors leur faire du mal et gêner leur évolution spirituelle. Cela, il faut l'éviter. C'est pour cela que je conseille toujours aux parents qui viennent de perdre un enfant de ne pas essayer de communiquer eux-mêmes avec lui, mais plutôt de demander à des personnes qui en ont l'expérience. Après deux ou trois communications, les parents pourront le faire seuls. La séparation demeure, mais elle a déjà changé et ils n'agissent plus dans ce climat de douleur qui peut faire du mal au disparu.

» Il n'y a aucune impiété à maintenir ce lien et ils sont heureux de le faire s'ils voient que l'on accepte la volonté de Dieu et la séparation. Si l'on accepte pleinement, alors là ils sont ravis, au contraire, de communiquer avec nous. Il n'y a plus d'obstacles, plus de danger, plus de problèmes. Et on les décevrait si on ne répondait pas. »

Parmi les premiers transcommunicateurs, dans les années 50, figurent deux prêtres catholiques, les pères Ernetti et Gemelli. Ils effectuaient une recherche musicale. Ernetti était un scientifique internationalement respecté, un physicien et un philosophe, fervent amateur de musique de surcroît. Gemelli était président de l'Académie pontificale des sciences. Le 15 septembre 1952, alors que les deux pères sont occupés à enregistrer un chant grégorien, un fil de leur magnétophone casse constamment... Exaspéré, Gemelli lève les yeux au ciel et demande l'aide de son père défunt. La réponse de celui-ci est enregistrée sur le magnétophone. « *Bien sûr, je vais t'aider, je suis toujours avec toi.* » Les deux ecclésiastiques répétèrent l'expérience avec le même succès. Gemelli tout d'abord plein de joie devant l'apparente survie de son père, se sent assailli par une certaine crainte : a-t-on « le droit » de parler avec les morts ? Pour en avoir l'âme et le cœur nets, les deux hommes se rendent à Rome, chez Pie XII, à qui, profondément troublé, le père Gemelli raconte son expérience. Monique Simonet rapporte la réponse du pape : « Cher père Gemelli, vous n'avez vraiment pas à vous tracasser à ce sujet. L'existence de cette voix est strictement un fait d'ordre scientifique et n'a rien à voir avec le spiritisme. L'enregistreur est absolument objectif. Il reçoit et enregistre les ondes sonores, d'où qu'elles viennent. Cette expérience pourrait constituer la pierre angulaire de l'édification d'études scientifiques appelées à fortifier la foi des gens dans un au-delà [1]. »

Le père Gino Concetti, lui, est commentateur à

1. Monique Simonet, *Et l'ange leva le voile*, Éditions du Rocher, Monaco.

L'Osservatore romano, et a expliqué, en décembre 1996, que pour l'Église catholique les contacts avec l'au-delà sont possibles. Celui qui dialogue avec le monde des défunts ne commet pas le péché s'il le fait sous l'inspiration de la foi. Ce frère franciscain mineur est l'un des théologiens les plus compétents du Vatican. Sa position illustre une tendance nouvelle de l'Église devant le paranormal.

« Selon le catéchisme moderne, explique le père Concetti, Dieu permet à nos chers défunts, qui vivent dans la dimension ultraterrestre, d'envoyer des messages pour nous guider à certains moments de notre vie. À la suite de nouvelles découvertes dans le domaine de la psychologie sur le paranormal, l'Église a décidé de ne plus interdire les expériences de dialogue avec les trépassés, à condition qu'elles soient menées avec une sérieuse finalité religieuse et scientifique. Tout part de la constatation que l'Église est un unique organisme dont Jésus-Christ est le chef. Cet organisme est composé des vivants, c'est-à-dire aussi bien du peuple des fidèles sur la terre que des trépassés, qu'ils soient les bienheureux et les saints dans la paix de l'esprit au paradis, ou les âmes qui doivent expier leurs péchés au purgatoire. Ces trois dimensions sont unies, non seulement à Jésus, mais, suivant le concept de la "communion des saints", sont unies aussi ensemble. Ce qui signifie qu'une communication est possible. Les messages peuvent nous parvenir non pas à travers les paroles et les sons, c'est-à-dire avec les moyens normaux des êtres humains, mais à travers des signes divers, par exemple des songes, qui parfois sont prémonitoires, ou à travers des impulsions spirituelles qui pénètrent dans notre esprit, impulsions qui peuvent se transformer en visions et en concepts. (...)

» Il est nécessaire de ne s'approcher du dialogue avec les défunts que dans les situations de grande nécessité. Quelqu'un qui a perdu dans des circonstances tragiques son père ou sa mère, ou son enfant, ou bien son mari, et ne se résigne pas à l'idée de sa disparition. Avoir un contact avec l'âme du cher défunt peut rasséréner un esprit bouleversé par le drame. On peut s'adresser aux défunts également si l'on a besoin de résoudre un grave problème de vie. Nos ancêtres en général nous aident et ne nous envoient jamais de messages qui portent atteinte à nous-mêmes ni à Dieu.

» Il ne faut pas jouer avec les âmes des trépassés. Il ne faut pas les évoquer pour des motifs futiles : pour obtenir par exemple les numéros du Loto. Il convient aussi d'avoir un grand discernement à l'égard des signes de l'au-delà et de ne pas trop les "emphatiser". On risquerait de tomber dans la crédulité excessive la plus suspecte. Avant tout, il ne faut pas aborder le phénomène de la médiumnité sans la force de la foi. On risquerait de perdre son équilibre psychique et de sombrer tout à fait dans la possession démoniaque. Les prêtres exorcistes continuent de signaler des milliers de cas de personnes infestées par le démon à l'occasion de séances de spiritisme. »

Conclusion

La mort est un tabou de la société occidentale. Pour les matérialistes, la vérité est simple : on ne survit pas à la mort physique. Ils « savent ». Combien de fois nous a-t-on dit : « On le saurait si c'était vrai », ou : « Personne n'est revenu pour le raconter. » Mais ceux qui « racontent », on ne les écoute pas. La raison en est claire : la « science » ne s'en mêle pas.

En effet, si les découvertes avancent lentement, c'est que le principal obstacle découle de l'attitude des scientifiques. Déconcertés par l'irrationalité d'un phénomène, au lieu de s'y intéresser, ils résistent le plus souvent, et retardent d'autant l'étude que devrait logiquement déclencher la simple observation sans préjugés ni a priori. Tous les faits, les constats que nous accumulons devraient pourtant les motiver à se donner les moyens d'entamer les recherches sérieuses capables de faire progresser la conscience humaine.

La confirmation de la vie éternelle nous vient de l'au-delà. En permanence, nous en recevons des preuves. Mais savons-nous les reconnaître ? Grâce à un petit groupe de gens qui ont l'esprit ouvert, la TCI a pu se développer comme un élément qui permet d'affirmer, aujourd'hui, que l'éternité est une réalité. Aussi, pour notre part, nous nous joignons à ceux qui disent que la TCI est *la découverte la plus importante de l'histoire de l'humanité.*

Ce qui n'empêche pas de se poser une question : quel est son but final ? Bien sûr elle nous permet de poursuivre notre vie terrestre avec plus de sérénité, sachant qu'il existe l'immense espoir de retrouver, un jour, nos êtres chers partis avant nous et, surtout, la certitude qu'ils sont bien vivants et dans l'Amour de Dieu. Mais eux, qu'attendent-ils de nous ? Pourquoi, depuis quelques années, assiste-t-on à un tel développement de ces communications, une telle *demande d'attention* en provenance de l'au-delà, assortie de preuves destinées à nous rendre toujours plus réceptifs ? Où cela va-t-il s'arrêter ? En ce qui nous concerne, la voix de notre fille et la possibilité de communiquer avec elle par écrit suffisaient à nos retrouvailles ; nous respections son évolution dans le monde spirituel, libérée de son image physique, et nous n'avions pas demandé qu'elle nous *apparaisse*, qu'elle nous *touche*. Et pourtant, comme le relate Didier van Cauwelaert dans *L'Amie de l'autre monde*, les matérialisations de Karine qui, depuis août 2001, se produisent régulièrement au sein des *cuarto de luz*, devant des dizaines de témoins, n'ont cessé de se *perfectionner*, de progresser en intensité, en lumière, en ressemblance... Est-ce la force de notre amour qui, influençant la matière d'une façon ahurissante, provoque ces phénomènes, même quand nous n'assistons pas aux *cuarto* ? Ou bien est-ce une nouvelle étape dans l'évolution de Karine ?

Nous ne sommes pas devenus « accros » à ces matérialisations, nous les avons accueillies avec bonheur, stupéfaction les premiers temps et, aujourd'hui, naturel, mais nous sommes bien conscients de n'être pas les seuls destinataires de ces signes de vie.

À la demande des entités spirituelles et avec l'aide de notre ami Didier van Cauwelaert, que nous ne remercierons jamais assez pour son soutien et son crédit, qui nous permettent de réaliser rationnellement les choses les moins « raisonnables », nous allons organiser cet automne 2002 trois « cuarto de luz » à Paris, afin de soumettre ces manifestations à des scientifiques français. Non pour les convaincre, les rallier à une cause, mais pour alimenter leur réflexion et leurs recherches dans l'étude de phénomènes qui, aujourd'hui encore inexplicables par les lois de la physique, seront peut-être demain considérés avec le même détachement que lorsqu'on regarde s'allumer une ampoule quand on presse un bouton.

Nous n'avons pas les compétences permettant d'avancer une explication : nous ne sommes que des parents détruits puis reconstruits par un deuil qui a débouché sur la certitude que la mort n'est pas une fin. Puisse notre témoignage aider, outre les gens qui ont vécu un drame comme le nôtre, tous ceux qui ont pour vocation de faire avancer la connaissance sur terre, au-delà des illusions superstitieuses et des récupérations sectaires. C'est notre seule façon d'essayer de nous rendre dignes des événements qui, depuis le départ de Karine, ont bouleversé notre vie.

TÉMOIGNAGES

Monique Simonet
Pionnière de la TCI en France

Je me sens si proche de vous... Il est très probable d'ailleurs que Karine et Axel, mon petit-fils, tous deux « envolés » prématurément pour notre plus grande peine, se connaissent parfaitement bien maintenant, « à côté », dans cet autre monde qui, un jour, sera notre demeure également, pour l'éternité...

Vous souvenez-vous d'une de mes dernières lettres, où je vous disais : « J'entends Karine ; elle me parle de boucles d'oreilles... » Elle était là, près de moi ; je la ressentais, comme une douceur dans mon ambiance, alors qu'apparemment j'étais à cet instant seule chez moi. Et je ne comprenais évidemment pas le sens de ses paroles, que je vous ai vite transmises à tout hasard. Or, quelques jours après que vous avez reçu ce message, chère Maryvonne, une amie t'offrait de très jolies boucles d'oreilles représentant des papillons. Donc, tandis que je vous écrivais, Karine, elle, de cet univers où notre temps n'a plus cours, voyait déjà ces bijoux qui t'étaient destinés. Et, Dieu merci, j'avais pu capter sa pensée... De telles choses surviennent beaucoup plus souvent dans le monde qu'on ne le pense généralement ! Et n'est-ce pas normal, au fond, puisque nos chers « disparus » sont en réalité près de nous, puisqu'il n'y a pas d'autres lieux que la terre et le ciel, mais seulement des plans « parallèles » d'existence : il suffit d'un peu de médiumnité, parfois même temporaire, pour déchirer cette sorte de « voile » qui nous empêche de percevoir nos bien-aimés.

À force d'amour, de foi, de confiance, vous avez pu tous trois, Yvon, Maryvonne et Karine, percer ce voile et communiquer. Et ce si bel ouvrage en est un témoignage magnifique. J'ai lu trois fois le manuscrit que vous avez eu la gentillesse de m'envoyer ; je le relirai encore, certainement. Les longs messages reçus de Karine par l'écriture – soit automatique, soit intuitive – sont absolument passionnants, extrêmement intéressants, tant de sujets importants y sont abordés, tant de réponses nettes et remarquables y étant données. Je pense, par exemple, aux questions concernant le « jugement » et la « régénération » qui suivent la transition, la présence d'animaux dans l'au-delà, le fait que nos défunts ne sont pas au cimetière mais près de nous, le problème de l'avortement, la prise en charge, « là-bas », des jeunes enfants qui « arrivent », les occupations, les missions, la prière, etc. Un véritable enseignement, qui est en total accord avec celui des grands messagers, tel Pierre Monnier. Et puis, tout est tellement vivant dans la façon dont Karine explique.

Au fil des pages, on a l'impression d'entendre la voix de la jeune fille, s'évertuant à nous ouvrir les yeux. On croit presque toucher du doigt la réalité de ce monde où elle évolue à présent, ce monde en vérité si proche du nôtre. Comme elle vous aime, votre grande fille... Et combien, c'est évident, elle est heureuse de pouvoir ainsi vous joindre, vous donner ce réconfort suprême. Qu'il est doux également, pour eux tous qui sont passés de « l'autre côté », d'être sûrs que nous les savons toujours en vie, dans leur corps spirituel. « C'est terrible de nous ignorer ou de nous dire de reposer en paix », vous dit Karine : comme je la comprends ! Hélas, cela doit arriver bien souvent.

Et ces beaux messages, mes amis, vous les avez remarquablement complétés par des contacts en Transcommunication Instrumentale. Or, ce nouveau moyen de communiquer avec l'au-delà, relativement récent puisqu'il date des années 50, représente très certainement l'avenir de la communication avec nos disparus, grâce à l'évolution de la technique. De plus, c'est un moyen fort convaincant, étant donné que toute personne qui « a des oreilles » peut entendre les voix enregistrées, sans nul besoin d'être médium.

D'autre part, j'ai été heureuse de retrouver dans cet

ouvrage la « trans-image » de Karine reçue sur ordinateur au Luxembourg par nos amis Jules et Maggy Harsch-Fischbach, dont nous savons qu'ils comptent parmi les plus grands transcommunicateurs mondiaux. Troublante trans-image, qui est, de plus, accompagnée d'un remarquable message, une communication éminemment instructive, écrite par votre enfant, elle qui évolue maintenant dans la Lumière.

Il ne me reste qu'à souhaiter que vous puissiez continuer ainsi ce grand travail, au sein de votre association, afin de diffuser la merveilleuse nouvelle que la mort n'est pas une fin mais le commencement d'une vie largement supérieure, que la mort est en réalité une prodigieuse mutation. Puisse votre action dépasser les frontières du Mexique, de l'Amérique latine, et venir renforcer celles menées en ce domaine – d'une extrême importance – un peu partout dans notre monde. Merci à Karine, merci à vous deux, merci au « Divin » qui a permis tout cela.

Félix Garciá
Animateur à la télévision mexicaine

J'ai rencontré la famille Dray après avoir lu dans un journal un article qui a attiré fortement mon attention, mais qui, en même temps, me semblait être le produit de l'imagination. Sans croire vraiment au fait que l'on pouvait communiquer avec les morts, je m'en suis remis à la lecture du livre de Sarah Wilson Estep qui avait étudié et expérimenté la Transcommunication Instrumentale. Le résultat de ses témoignages éveilla en moi encore plus de curiosité et je décidai de recevoir M. et Mme Dray personnellement, afin d'en savoir plus sur cette expérience fascinante.

Quand j'ai eu l'occasion d'avoir une conversation avec Yvon et Maryvonne Dray, j'ai découvert, en premier lieu, qu'il se dégageait d'eux un sentiment de vérité et qu'on lisait sur leur visage une tranquillité que ne procure pas la fantaisie ou le rêve que l'on pense réalité. J'ai parlé avec un couple qui n'était pas « à la dérive », malgré la récente perte de Karine dans un fatal accident. Je me suis trouvé en face de parents qui semblaient tenir leur fille dans leurs bras. À cet instant, je peux dire, que, même moi, j'ai perçu d'une certaine façon sa présence.

L'existence de la vie après la mort est relatée depuis les Grecs et les Égyptiens, les Incas et les Mayas, qui ont rendu un culte à la mort. De nos jours, l'étude des phénomènes paranormaux et parapsychologiques soutient la théorie de l'existence de vies après la vie terrestre, lesquelles gravitent dans d'autres dimensions.

La Transcommunication Instrumentale n'est pas le privilège de M. et Mme Dray. Depuis le début du siècle, il en existe des preuves : lorsque Constantin Raudive réussit, un des premiers, des enregistrements de voix émises par des personnes décédées et que lui-même, après son décès, en 1974, a commencé à prendre contact avec notre monde en utilisant le même système ; de nos jours, des milliers de personnes dans le monde arrivent à obtenir un contact suivi avec ceux qui nous ont précédés.

Au-delà de ce que cette œuvre peut représenter pour la science et pour ce que notre intellect arrive à comprendre, il s'agit d'un rayon de lumière dans l'obscurité produite par la douleur au moment de la perte d'un être cher. C'est donc un instrument qui apporte aide, espoir et connaissance.

C'est tout simplement un pont entre la vie et la mort que nous pouvons tous franchir.

Extrait de l'hommage à Karine d'un copain de l'ITESM Campus Tolúca

Cela paraît toujours très curieux de se rendre compte, chaque semestre, que des gens, d'un seul coup, « disparaissent ». Peut-être sont-ils partis dans une autre université, peut-être ont-ils terminé leur cycle d'études et se sont-ils intégrés à la vie professionnelle, mais dans certains cas on se rend compte que cela peut être pour un motif inattendu.

Un après-midi, il y a quelques jours, il m'est arrivé quelque chose que je ne fais pas souvent : je me suis assis sur un banc et j'ai contemplé l'esplanade de notre université. Cela paraît un peu fou, car à une époque où le temps file à toute vitesse, peu de gens s'arrêtent pour contempler un espace si peu attractif comme l'est notre campus (ce n'est pas une critique). Mais cela s'est passé ainsi. Pendant que le soleil descendait, il illuminait une partie vide, cela m'a paru bizarre parce qu'à d'autres moments cet endroit fut rempli par quelque chose : un sourire, un clin d'œil, un regard différent des autres, une image attractive mais qui définitivement ne laissait pas indifférent. Pour la première fois cette présence me manquait. Bien que mes relations avec Karine ne soient jamais allées plus loin qu'un salut, un sourire en se voyant.

Quand nous avons appris la nouvelle, j'ai vu le désespoir de mes amis, ceux qui avaient vraiment vécu près d'elle et qui étaient si tristes, et toute cette promotion, que j'avais vu débuter, fut frappée de plein fouet, dans ses sentiments les plus profonds, par cette disparition. Et me vient de nouveau le souvenir de ces sourires échangés, l'inévitable réaction de se retourner en la voyant passer, et un sentiment de tristesse me ramène à cet espace illuminé par le soleil, maintenant vide, mais qui semble l'attendre. Et pourtant, cet espace reste vide, de même que n'existe plus sa mimique pour me saluer, dont je me souviens à peine. Peut-être m'en souviendrai-je de nouveau quand je la reverrai.

Décembre 1995.

Bibliographie

BRUNE (F.), *La Vierge du Mexique*, Éditions Le Jardin des Livres (Paris).

BRUNE (F.), *Le Nouveau Mystère du Vatican*, Éditions Albin Michel (Paris).

BRUNE (F.), *Les Miracles et autres prodiges*, Philippe Lebaud Éditeur (Paris).

BRUNE (F.), *Les morts nous parlent*, Philippe Lebaud Éditeur (Paris).

BRUNE (F.) et CHAUVIN (R.), *À l'écoute de l'au-delà*, Philippe Lebaud Éditeur (Paris).

CHARVIN (R.), *On voyait Dieu dans ses yeux*, Pierre Téqui Éditeur (Paris).

GIOVETTI (P.), *Messages d'espérance*, Éditions Robert Laffont (Paris).

KISACANIN (C.), *Dialogues avec les morts*, Éditions du Rocher (Monaco).

KÜBLER-ROSS (E.), *La mort est un nouveau soleil*, Éditions du Rocher (Monaco).

KÜBLER-ROSS (E.), *La Mort, dernière étape de la croissance*, Éditions du Rocher (Monaco).

LIONNET (A.), *Isabelle, une lumière dans la nuit*, Éditions du Rocher (Monaco).
MARTIN (J.), *Des signes par milliers*, Éditions Laurens (Paris).
PRIEUR (J.), *La nuit devient lumière*, Éditions Astra (Paris).
RIOTTE (J.), *Ces voix venues de l'au-delà*, Éditions Albin Michel (Paris).
RUTHER (R.), *L'Invisible au quotidien*, Guy Tredaniel Éditeur (Paris).
SCHAEFER (H.), *Théorie et pratique de la transcommunication*, Éditions Robert Laffont (Paris).
SIMONET (M.), *Réalité de l'au-delà et transcommunication*, Éditions du Rocher (Monaco).
SIMONET (M.), *Porte ouverte sur l'éternité*, Éditions du Rocher (Monaco).
SIMONET (M.), *Images et messages de l'au-delà*, Éditions du Rocher (Monaco).
SIMONET (M.), *Et l'ange leva le voile*, Éditions du Rocher (Monaco).
WILSON ESTEP (S.), *La Communication avec les morts*, Éditions du Rocher (Monaco).

Remerciements

Nos remerciements les plus profonds à ceux qui nous ont aidés et soutenus dans nos entreprises concernant la TCI et avec qui nous sommes en contact permanent : père François Brune (Paris), Monique Simonet (Reims), Lucia Galan (Buenos Aires), Maggy et Jules Harsch-Fischbach (Luxembourg), Irma Leticia et Armando Garduño (Tolúca), Pierre Théry (Arradon).

Voici les coordonnées de notre association

KARINE TCI
Site web : *http ://pagina.de/karine.amti*
e-mail : karine__tci@prodigy.net.mx

Table

TÉMOIGNAGES

Composé par Nord Compo à Villeneuve-d'Ascq

Impression réalisée sur CAMERON par

BUSSIÈRE CAMEDAN IMPRIMERIES

GROUPE CPI

à Saint-Amand-Montrond (Cher)
pour le compte des Éditions France Loisirs
en juin 2003

N° d'édition : 38898. — N° d'impression : 032944/1.
Dépôt légal : mai 2003.

Imprimé en France